正宗的国学原来还可以这样

- 徐嘉兴：一个有心、有梦，快乐前行的男孩，大家都亲切地叫他"嘉兴"。他喜欢观察生活，对世界充满了好奇和反思，所以他总是向盈视老师提问，希望用传统的智慧来解决眼前的问题。他还擅长口语表达，于是便将他与盈视老师之间交流的故事讲了出来给我们听。

- 朱畅思：一个有心、有梦，快乐前行的教师，也就是嘉兴口中的"盈视老师"。他希望从吟诵入手让孩子们接受快乐、优美、灵动、时尚的传统文化教育。他欣赏嘉兴的才华，珍视他的问题，于是用国学故事来解决嘉兴的疑惑，认真回答，倾囊传授。盈视老师希望国学智慧能陪伴大家成长，希望大家能与嘉兴一起吟诵。他在每一集故事后给嘉兴的吟诵做了一番讲解，起名为"盈视讲吟诵"。

嘉兴还在成长，盈视老师讲给他的国学故事还未完待续。

陪你长大说国学

说国学

陪你长大

独立而不移

朱畅思
徐嘉兴 著

北京出版集团
北京出版社

图书在版编目（CIP）数据

独立而不移 / 朱畅思，徐嘉兴著. — 北京：北京出版社，2021.8
（陪你长大说国学）
ISBN 978-7-200-16611-8

Ⅰ. ①独… Ⅱ. ①朱… ②徐… Ⅲ. ①历史人物—人物研究—中国—古代 Ⅳ. ①K820.4

中国版本图书馆CIP数据核字(2021)第178435号

陪你长大说国学
独立而不移
DULI ER BU YI
朱畅思　徐嘉兴　著

*

北　京　出　版　集　团
北　京　出　版　社　出版
（北京北三环中路6号）
邮政编码：100120

网　　　址：www.bph.com.cn
北京出版集团总发行
新　华　书　店　经　销
北京瑞禾彩色印刷有限公司印刷

*

710毫米×1000毫米　16开本　21.25印张　115千字
2021年8月第1版　2021年10月第2次印刷

ISBN 978-7-200-16611-8
定价：58.00元
如有印装质量问题，由本社负责调换
质量监督电话：010-58572393

序：传承国学，古为今用

"陪你长大说国学"系列的第一本《读书有次第》出版以后，引起了社会各界的广泛关注。现在，朱畅思老师和徐嘉兴同学又推出了这套书的第二本——《独立而不移》。

《读书有次第》主要讲的是历史事件，内容来源于"六经"。而《独立而不移》讲述的则是十六位著名的历史人物，这些人物来自商末到清朝这十六个历史时期，既有名臣重将，也有文人墨客，每个人物的故事都源于"二十四史"的记载。

《独立而不移》介绍的每个历史人物，不仅具有其生活的历史时期深刻的时代特点，而且还各自具有鲜明的个性特征。该书并不是介绍他们整个人生经历的传记，作者挑选了这些历史人物的人生片段，能够反映他们人格特征和道德风貌的典型事件。

这些历史人物都是有理想、有抱负、有追求、志向远大、道德高尚的志士仁人。他们表现出的独立自主、信念坚定、不为利所诱、不为名所累、不为情所困、不为难所屈、不为危所乱、努力争取成功的意志品质，是宝贵的精神财富，值得即将进入社会生活的广大青少年继承和发扬光大。而这些人物故事传达的精神，归结成五个字，就是"独立而不移"。

书中故事情节精彩，语言生动、活泼，辅之精美的插图、绚丽的音乐和节律优美的吟诵，让一个个历史人物栩栩如生、跃然纸上、呼之欲出。一旦打开书卷，便被活灵活现的人物所吸引，欲罢不能，欲罢不忍。

本书采用了老师和学生相互交流、共同探讨的叙事方式。徐嘉兴同学在日常生活中遇到难以理解的困惑、难以处理的问题，求教于朱畅思老师。朱畅思老师没有给出现成的答案，而是由历史人物所经历的事件，引导徐嘉兴同学领悟成功经验或得到的教训，从中获得启示，达到分析、判断问题和处理、解决实际问题，提升道德素养的目的。

我理解，像这样引导学生学国学，就是"古为今用"的意思。

青少年是祖国的未来、民族的希望，加强对青少年中华民族优秀传统文化的教育，对于培养传统文化的继承者和弘扬者，推动文化传承创新，建设社会主义先进文化具有重要的作用。

这套书无疑给热爱传统文化的青少年提供了丰厚的精神食粮，希望他们从中受益，更加健康茁壮地成长。

赵忠心

中国教育学会家庭教育专业委员会名誉理事长
北京师范大学教授

序：独立而不移

这套书的系列名是"陪你长大说国学"。"陪你长大"，就意味着要站在孩子的角度说话，解决他的问题，带领他寻找答案。

这套书的第一本——《读书有次第》诞生在四年前，几年过去，嘉兴长大了，他考虑的问题更加复杂。他在寻找一种独立的人格，他开始审视身边的人和事，《独立而不移》这本书便由此而来。

嘉兴开始考虑什么是善恶，开始想了解国家与个人的关系，严酷与宽容的选择，这便是这本书第一部分"上古淳人"的内容。我选择了从商末到东汉的几个人物故事，促进嘉兴思考。正如书中《一条强项》这个故事的插画所表现的：嘉兴面对着《汉书·酷吏列传》，凝思。

我们的讨论由此延展开来。比如，怎样尊重个人的意向，怎样理解行为背后的深意，怎样在压力面前坚守住底线，我们甚至聊起了怎样面对财富，怎样面对知识文凭，这便是本书第二部分"乱世麟凤"的内容。我选择了从东汉到南北朝这段历史中的几个人物故事，引导嘉兴思考，也鼓励他参与学生会的竞选。在《一心天下》这个故事中，我们将看到嘉兴竞选学生会主席的故事，他还在书中公布了他的竞选口号："纳子衿之言，行子衿之权。"

当嘉兴成为学生会的一员后，他见到了形形色色的人，也遇到了各种事。他在思考如何面对想"走关系"的同学，也在思考学生会换届之后是否应当继续留下，更想到如何教会新入会的同学正确行使权力。当然，他的社会活动也多了起来，他在"北京阅读季"的活动上发言，参加某卫视的节目，被北京市吟诵教育专委会邀请做小助教，还受邀到美国迪士尼乐园的舞台上表演吟诵。

这让他对阅读、对地域文化、对怎样做楷模、对如何进行中西文化交流，都有了许多思考。我从唐朝到清朝的历史中挑选了几个人物故事，来解答他的疑惑。这便是本书第三部分"独步光庭"的内容。在《一方玉玺》这个故事里，有一幅表现嘉兴与老师争论的图，真实呈现了嘉兴的独立思考。他有他的想法，他开始不愿意苟同，要在争论中将理辨明。

我在感慨，每个孩子都会经历类似的成长。生活境遇不同，但是思考的升级，一定是相似的。悠长的历史，是我们的财富。看看古人在现实面前如何选择，对我们来说是很好的借鉴，这便是读历史的目的。当然，历史中鱼龙混杂，优劣同在，我们要选择那些散发着独立精神、处事有智慧的人做榜样。向这些人学习，还担心不会成为一个优秀的人吗？

在这本书中，除了故事之外，"盈视讲吟诵"也还在继续。我讲解了吟诵的高级技巧，甚至也提到了应该怎样作诗。在第二集里，我们会看到嘉兴根据古人的一句诗来创作的诗歌。希望这些内容对喜欢吟诵和喜欢诗词创作的朋友们有所帮助。

这本书的每一集故事前，都向大家介绍了相关的史书，涉及到《史记》《汉书》《后汉书》《三国志》《晋书》《梁书》《南史》《北齐书》《北史》《隋书》《旧唐书》《新唐书》《旧五代史》《新五代史》《宋史》《元史》《明史》《清史稿》。本书中的故事正是从这些史书中而来，在这里要感谢吕嘉文老师的助力，为我们整理了相关的史书内容。

我和嘉兴的故事还会继续，国学也会一直陪伴大家成长……

序：我成了一个爱刨根问底的人

在筹备这套书的第一本《读书有次第》时，我上初一。那些关于周处、孔子的讨论，我能想到的问题多停留在自己身上。在筹备第二本《独立而不移》时，我已上高二，开始和盈视老师讨论超出"我"之外的问题了。

回想起来，初中时，盈视老师总在鼓励我提升自己。但当我学习完经典，开始与盈视老师讨论历史时，我则关注到了更多的人，关注到了社会。

这本书记录了我在高中参加学生会竞选的经历，我的竞选口号是："纳子衿之言，行子衿之权。"意思是，为学生发言，行使学生的权利。最后，我很幸运地成为了学生会主席。

在开展学生会的活动时，我愈发明白为什么要有独立的思想，为什么不可以人云亦云，为什么要在各种压力到来时坚持做正确的事，为什么要打开眼界，为什么要不断变通……我成了一个爱刨根问底的人，这些心路历程，在本书中被一一记录了下来。

我认为，文化的展现形式多种多样。比如，这本书就在用讲故事的方式来展现文化。我喜欢时尚设计与音乐，在我看来，这些也是文化的展现。我喜欢那些有思想的时尚设计，我喜欢去寻找它们背后的故事——或许是某个设计师的经历，或许是某个文化的历史沿袭，或许是某个有思想的人的大胆创意……总之，呈现在我们眼前的是象，背后则是理。我喜欢通过表面的象，去探索那背后的理，知其所以然。所以，虽然第二本书已然成型，但我还在继续追问盈视老师："中国文化的核心特色究竟是什么？"我希望有一天，我也能将中国文化最核心的特色融入到我的设计中。

或许是因为从小学习吟诵，我对音乐非常感兴趣。吟诵的乐音千变万化，使得不同文体、风格的诗歌表现出来的样子不尽相同，但都是为了更好地传达文化精神。在聆听音乐的时候，我特别喜欢歌词中的精妙安排，比如融入了一些音乐人共知的故事或社会的热点话题，这些都让音乐深刻了起来；我也喜欢那些押韵的设计，让乐音与声音很好地结合在一起，增强了音乐的情感传递；我还喜欢去探索多元的旋律设计，喜欢了解音乐的发展。总而言之，我喜欢的不仅是音乐呈现出的样子，更喜欢那沉甸甸的文化底蕴。

在这里，我要感谢大家在这本书成稿和出版中的帮助！感谢盈视老师和我的父母，以及北京出版集团父母必读杂志社的所有编辑老师，是你们带领我成长，记录下这个过程。希望每一位读者，从我与盈视老师交流的这些故事中，也能获得属于自己的成长，拥有自己的体悟。

目录

● 第一部分 ● 上古淳人

第一集　一家之言…………………………………3

第二集　一番真心…………………………………21

第三集　一条强项…………………………………39

● 第二部分 ● 乱世麟凤

第四集　一代士雄…………………………………57

第五集　一个酒客…………………………………75

第六集　一位重臣…………………………………93

第七集　一个富豪…………………………………113

第八集　一心天下…………………………………131

·第三部分· 独步光庭

第九集	一只高蝉	149
第十集	一生少年	171
第十一集	一门忠烈	193
第十二集	一方玉玺	211
第十三集	一朵迎春	237
第十四集	一块木材	259
第十五集	一名教师	279
第十六集	一帆风顺	303

·后记· 324

·参考资料· 328

· 第一部分 ·

上古淳人

由商周到两汉，都有淳厚之人，用淳朴之心，
为国事拍案。

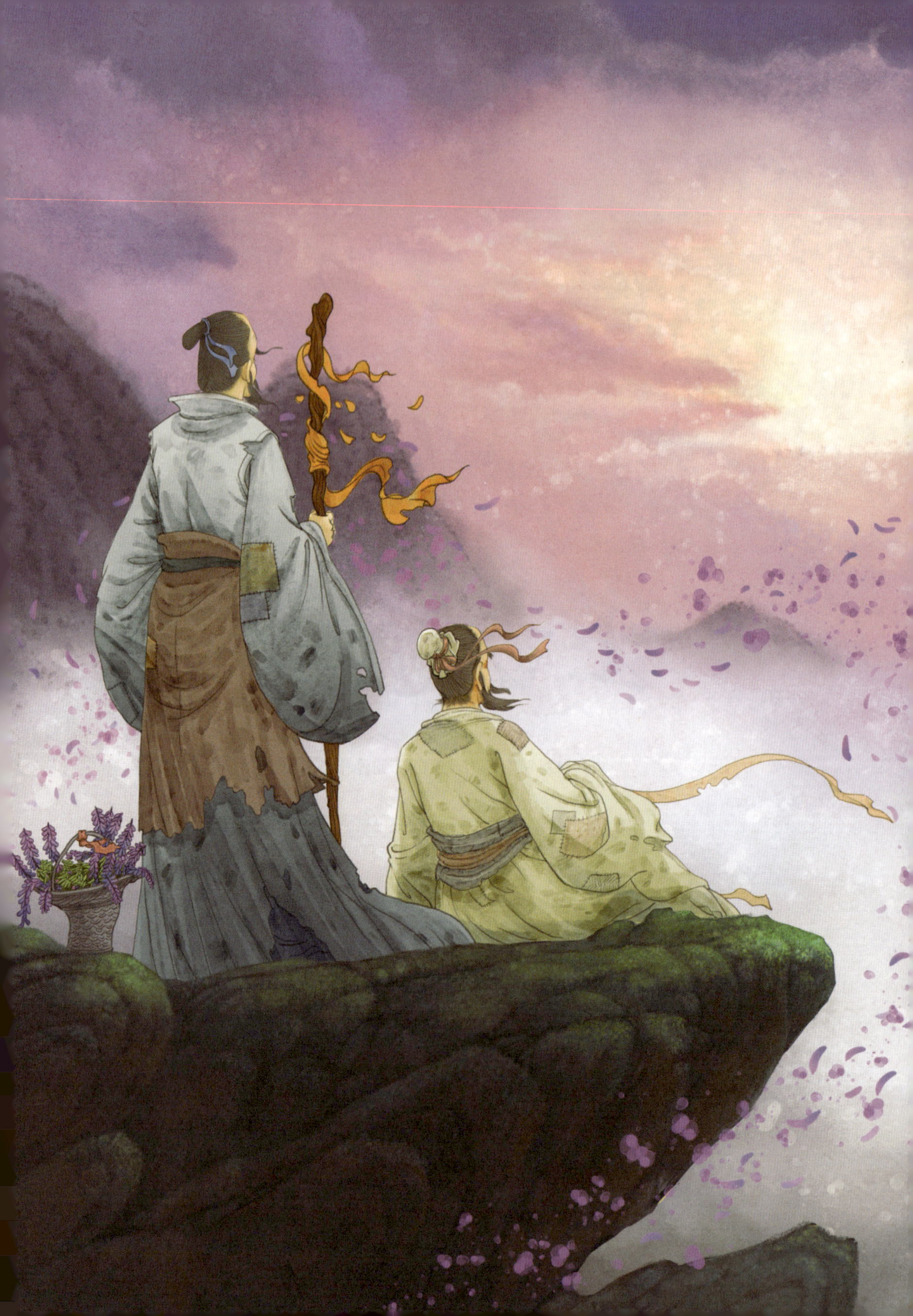

扫描二维码
听嘉兴的声音吧

第一集 一家之言

司马迁连孔子都敢质疑，这才算得上是『一家之言』，不是『人云亦云』呀！

《史记》，西汉司马迁著，是中国历史上第一部纪传体通史。全书主要记述了上至传说中的黄帝时代，下至西汉汉武帝太初四年（公元前101年）共3000多年的历史。

《史记》全书包括本纪（主要记述历代帝王事迹）、世家（主要记述春秋战国各诸侯国和汉代诸侯事迹）、列传（主要记述重要人物事迹）、表（大事年表）、书（记述各种典章制度、音律、历法、天文、封禅、水利、财用等）五种体例，共130卷。

《史记》被列为『二十四史』之首，在记事方面『其文直，其事核，不虚美，不隐恶』。其首创的纪传体编史方法为后来历代正史所传承。对中国历代史书编撰影响深远。

南宋学者郑樵评价《史记》说：『使百代而下，史官不能易其法，学者不能舍其书，六经之后，惟有此作。』

——本集人物伯夷、叔齐，事迹见于《史记·卷六十一·伯夷列传》

大家好，我是徐嘉兴，欢迎你关注我的学习分享。

不知道你在哪里读书，读的是什么书。我的老师说，中国古代的小朋友都是先读经典后读史籍的。我跟老师一起读经典时，最喜欢听老师在讲经典的时候提到的那些历史故事。

于是，我问老师："既然六经是最早的教材，那么六经里面记录历史的那本《春秋》，是不是中国最早的史书呢？"

老师说："也对，也不对。孔子编著的《春秋》确实记录了历史，但是它的写作目的是教人们明辨是非与道义，重点不在记事上。"

我反问道："那它算什么书？"

老师说:"这很难说。所以孔子认为,后人或许会因此批评他在《春秋》里的欲言又止、表达不明。可是他敢于坚持自己的创造性思维,坚持传播道义,不顾后人如何评价他,这种精神倒是一直影响着中国的历史创作。"

我继续问:"那么读史书从哪一本开始最好呢?"

老师说:"那当然是太史公的《史记》呀!"

我对老师说:"您说的'太史公'就是司马迁吧!"不等老师肯定我的答案,我便一口气说了下去:"作《史记》的'太史公',指的是西汉的司马迁。他家几代人都是史官,所以司马迁从小就接触了许多史料,还跟随汉代的许多大学者学习。司马迁的父亲临死的时候,告诉司马迁一定要接手史官的工作,整理几百年来散乱的史籍,司马迁含泪答应了。后来,他通过阅读史料,游历山川,探访调查,再加上自己的见解,写出了《史记》这部书。但他在世时,这部书一直没有公示于天下。司马迁的女儿嫁给了汉昭帝时的宰相杨敞,生了两个儿子,她经常给小儿子杨恽讲自己收藏的《史记》里的故事，杨恽从小受到《史记》的影响，长大后就向汉宣帝献出了这部书，这部书才终于被世人所知了。"

老师看着我，笑着说："你怎么知道的？"

我也笑着回答："您讲过的。"有时候，老师会忘记他讲过什么或者是故意再次提起他讲过的内容，估计是想考验我，看我是不是忘了。于是，我每次都一口气把知道的全说出来，好让他放心——我记得很牢固，同时也为了让他赶紧讲点新知识。

老师点点头，继续说："司马迁说他要借助历史阐发自己的观点，用他的话说，就是成'一家之言'，而不是'人云亦云'。"

我听不明白了，问老师这是什么意思。

老师说，司马迁在《史记》的列传里记录的第一个故事的主人公是伯夷和叔齐。商朝时期，天下有许多部落，其中有一个部落叫"孤竹"。孤竹的王有三个儿子，他想把王位传给最小的儿子叔齐，可是叔齐并不想当王。没过多久，孤竹的王去世了。王去世之后，叔齐想要把王位让给大哥伯夷。伯夷说："你当王是父亲的意愿，你必须遵守，还是你来当！"他担心叔齐依旧推让，干脆逃离了孤竹。叔齐心说："我的确是不想当这个王啊！"于是他也逃离了孤竹。孤竹的百姓看到三个兄弟跑了两个，就立了老二为新的王。

让我们再把视线转向伯夷和叔齐，他们俩跑着跑着就跑到一块儿去了。两个人都决定不回孤竹，他们听说西方有一个叫周的部落，首领叫姬昌，也被称为西伯。这个人主张善待老人，于是伯夷和叔齐就说："我们不如去找西伯吧！"

当他们到了周的时候，西伯已经去世了。西伯的儿子姬发继位，他把父亲的木牌位搁在车上，追封他为周文王。姬发想要去攻击商的首都，干掉商王帝辛，帝辛就是我们后来经常听说的纣王。但是，这可是王朝内部的互相残杀呀！伯夷和叔齐刚到周，就听说了这件事。他们想，怎么这个儿子刚继位，就要去杀君王？那可不行。于是他们就给姬发进谏，说："您的父亲死了，您还没有为他举行隆重的葬礼，就准备要打仗，这是不孝！而且，您是臣，帝辛是君，以臣弑君，这是不仁！"

姬发听完这话，就生气地命护卫杀掉他们。这时，一位著名的大臣姜子牙走了出来。他对姬发说："伯夷、叔齐是讲道义的人，你可不能杀了他们！"于是姬发就叫人把伯夷、叔齐搀了下去。

后来，姬发成功灭掉了商朝，把天下改为周朝。姬发就是周武王，他给帝辛起名为"纣"，这个字是勒在马脖子上的皮带的意思，以此表现帝辛的残暴。但是伯夷和叔齐觉得"武王伐纣"这件事情既不符合道义，也不符合礼制。于是，他们便打算不再吃周朝的粮食，一起去首阳山隐居，只吃薇草。薇草太少了，根本充不了饥，所以没过多久，他们就饿死了。据说，在生命的最后时刻，他们作了一首《采薇歌》。

登彼西山兮，采其薇矣。
以暴易暴兮，不知其非矣。
神农虞夏忽焉没兮，
我安适归矣。
吁嗟徂兮，命之衰矣。

《采薇歌》里说：登上西山过着采薇草的生活，我们为什么会这么做呢？因为周武王用暴力取代了商纣王，所以我们不愿意再当周朝的子民。周武王以为他做对了，却不知道他和商纣王犯了同样的错误。尧帝、舜帝和大禹禅让天下的时代一去不复返了，我们又能去往哪里呢？看来我们的生命和理想都要走到尽头了吧！

老师问我说："你知道伯夷和叔齐为什么不愿意跟周朝合作吗？"

我马上说："因为武王伐纣不仁呀！伯夷、叔齐反对姬发以暴易暴的做法，看来他俩不提倡用暴力解决问题。"老师点点头，夸我说得好。

我接着说道："我懂了，这就是司马迁想表达的意思。他在列传里第一个记录的就是伯夷、叔齐的故事，是要学习他们'坚持自我'的精神，凡事要有自己的观点，对吗？"

老师笑了，并不回答我，而是对我说："你刚才说伯夷、叔齐反对周武王以暴易暴，那意思是说，他们对周武王的做法是有怨言的，对吗？"

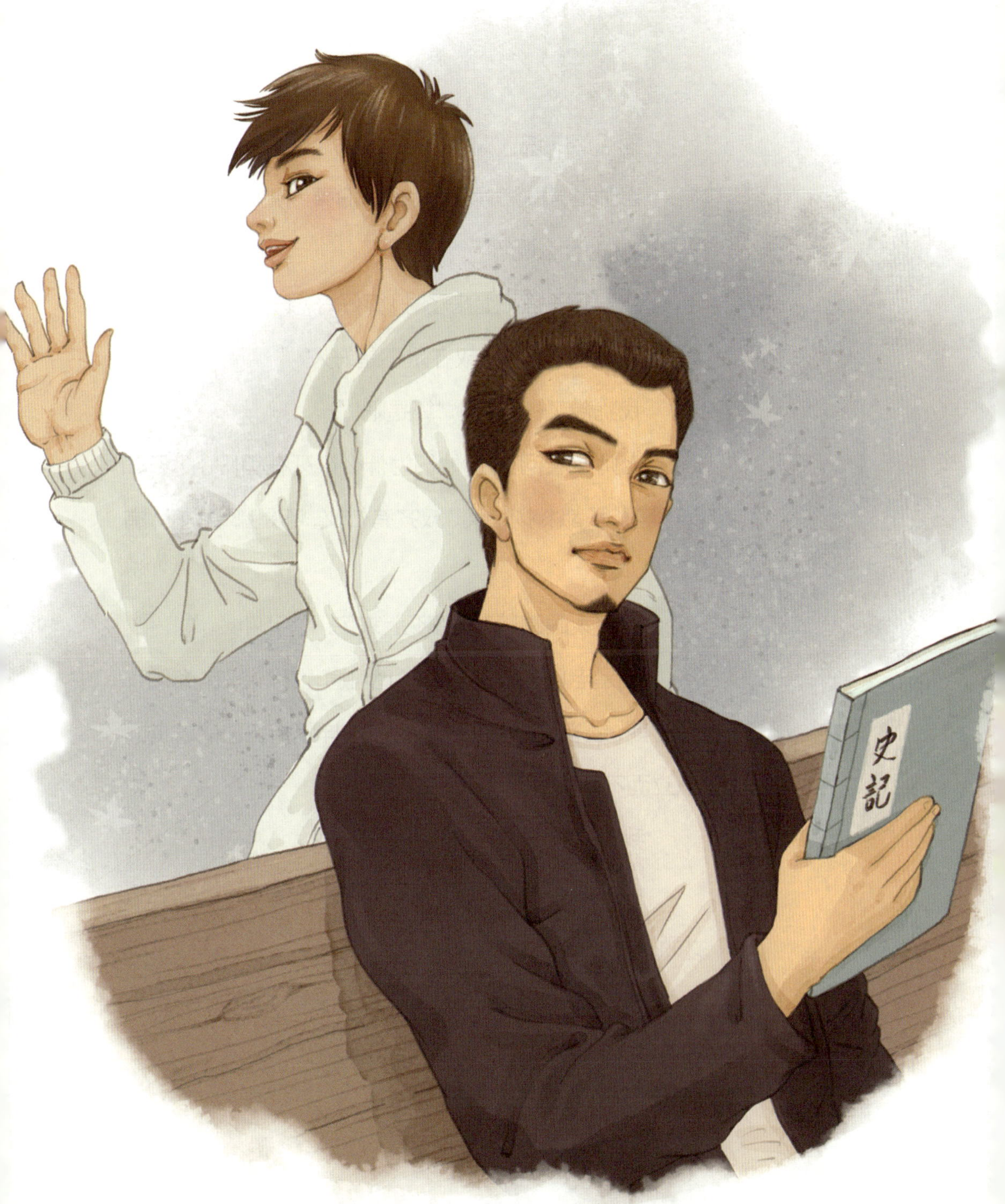
史記

我点点头说:"对呀!"

老师继续说:"可是孔子说伯夷、叔齐的心中没有怨,这是为什么呢?"

我一下子答不上来了,打算好好想一想。可老师继续追问起来:"伯夷、叔齐是不是好人?"

我犹豫了一下,说:"算是吧!"

老师接着问:"那他们为什么饿死在首阳山?要知道,连孔子都赞扬伯夷、叔齐有仁义,不是都说'好人有好报'吗?"

我瞪大眼睛,又回答不上来了。

但是老师并没有停止,追问道:"你说,在商周那个时期,还有没有和伯夷、叔齐一样坚持自己的志向、独立而不移的人?"

我说:"应该还有吧!"

老师说:"那为什么他们都没有伯夷和叔齐的名气大呢?"

我反应过来:"您刚才说孔子表扬了他们,那看来是因为圣人的崇拜使他们声名远扬吧!"

老师马上说:"说得好,看来伯夷、叔齐不过是因为名人效应出名的呗?别人没有这个机会,所以没他们有名,是吗?"我沉默了。

老师没有再继续追问,而是让我思考一会儿。我逐渐想明白了一些问题,但还有一些没想明白。于是,我回答老师说:"孔子说伯夷、叔齐没有怨,可能是说他们对自己的做法没有怨,他们坚持了自己的想法,无怨无悔。但是伯夷、叔齐对周武王的做法是有怨的。而'善有善报,恶有恶报'的说法虽然没有在伯夷、叔齐活着的时候体现出来,可是孔子这么推崇他俩,是不是也算是一种善报呢?只不过在伯夷、叔齐活着的时候,这善报还未到吧!孔子在他生活的年代,也没那么成功,但是他的思想却影响了中国文化几千年呀!还有,伯夷、叔齐之所以很出名,确实是因为名人效应吧!"

老师这时才向我竖起了大拇指,说:"你很棒!虽然你的答案不一定就是正确的,你还有许多没想明白的地方,但是你已经学会从很多角度去思考这个故事,而不仅仅是去看他俩追求'仁'这一面了。其实,我问你的几个问题,都是司马迁问的。司马迁也没有得出结论,但是他却对孔子的说法,以及善恶有报的想法,一一提出了他的疑问。"

我马上抢话道:"司马迁连孔子都敢质疑,这才算得上是'一家之言',不是'人云亦云'呀!"听我说完,老师使劲儿地点了点头。

盘视讲吟诵 第一讲

兮字拖长（一）

小朋友们最爱刨根问底，我们也来问个"久远"的问题：中国诗歌的源头是什么？

答案是《诗经》与楚辞①。

楚地是钟灵毓秀之地，就是集中了灵气、养育了秀美的地方，于是产生于楚地的楚辞，风格多样，浪漫多姿。

楚辞和《诗经》中的风、雅、颂相比，最突出的一个特点就是句子很长。有的句子中间有一个"兮"字，这个字的意思相当于"啊"，就好像是楚地人作着诗突然就激动起来了，要感叹一下。

吟诵起带"兮"字的句子，可以把"兮"字作为一个语气节点。通俗地说就是："兮"字跟着前面读。一般

---

①楚辞是一种诗歌体裁，但同时也有《楚辞》这部屈原创作的诗歌总集。在本书中，楚辞指诗歌体裁。

情况下，用"兮"字拖长的方法就可以区分出前后句来。大家可以听听徐嘉兴的吟诵，就能很好地感受到这一特点。

不过，楚辞产生的年代应该是东周的战国时期。可是伯夷、叔齐是西周初年的人，早于东周，那个时候应该还没有楚辞这种文学形式呀！所以我们猜测《采薇歌》是后人所作，用来表现伯夷、叔齐坚决不同意周武王伐纣的态度。而伯夷、叔齐应该没有留下什么诗歌，他们孤独地饿死在首阳山，哪有人给他们记录诗歌呢？

但是创作者为什么要用楚辞体来作这首诗歌呢？

这首诗歌最早出现在司马迁的《史记·伯夷列传》里，那么，会不会是司马迁创作的这首诗歌呢？虽然不能断定，但是他的"嫌疑"最大。无论如何，诗歌的作者应该是西汉初年的人。

建立汉朝的刘邦就是楚国人，他的手下大多也是楚国人。刘邦建立的朝代之所以叫汉朝，是因为他曾经被封为汉王，若非如此，这个新的朝代叫楚朝还差不多。既然刘邦是南方的楚国人，那么他说的话、唱的歌、表达的习惯也一定是楚地的。所以，虽然汉朝最终把首都建立在了北方的长安，但是文化却是从南方来的，这算是一次文化北迁吧！于是，西汉初年的人创作的诗歌，往往有楚地的文化风格。

话说到这儿，就能"破案"了。这首代替伯夷、叔齐创作的诗歌，因为是西汉初年的人创作的，于是便呈现出楚辞的风格。

楚辞的婉转悠扬，让我们可以去幻想在首阳山的伯夷、叔齐的样子——虽然生活艰苦，他们却无怨无悔。他们不仅有潇洒的外表，还有坚定的内心。他们至死都那么安然，那么坦荡。

登彼西山兮，采其薇矣。
以暴易暴兮，不知其非矣。
神农虞夏忽焉没兮，
我安适归矣。
吁嗟徂兮，命之衰矣。

"！"是入声字符号，"~"则代表要拖长来读。这首诗歌押的韵字"薇""非""归""衰"，都是发音口型小的字。在如今的发音体系里，这些字的韵母并不相同，但是在上古诗歌里，这些字是作为同一个韵的字来使用的。这种小口型的发音，细腻绵长，透着一种隐隐的自信。看来作诗的人深刻体会到了伯夷、叔齐的心理。

伯夷、叔齐在周武王面前自然是微小的，但是他们却能坚持自己明确的观点。这首诗歌使用的几个入声字都能体现他们鲜明的态度，比如"易"，原本是换和变的意思。伯夷、叔齐认为周武王并没有改变纣王暴力统治的特点，改朝换代后还是"暴"。所以作诗的人用一个"易"字来强调这种没有本质区别的变化，是讽刺艺术的体现。

还有"忽"和"没"，似乎在说这天下原本还有人在传承着神农、舜、禹那伟大而宽厚的统治风格，但是在"武王伐纣"这场战役过后，这一切突然就没有了。这是在控诉武王伐纣的行为，也是在为武王伐纣的结果感到痛心。

这几个入声字的使用，还让我们看到了伯夷、叔齐并不渺小。所以，大家吟诵到这些入声字的时候，一定要用短促的声音去表现，认真体会伯夷、叔齐想表达的意思。

如果这首诗真是司马迁所作，那就更说得通了，他可是个特别有想法的、不简单的史官啊！

你也试着吟诵一下，感受这份微小却不绝的力量吧！

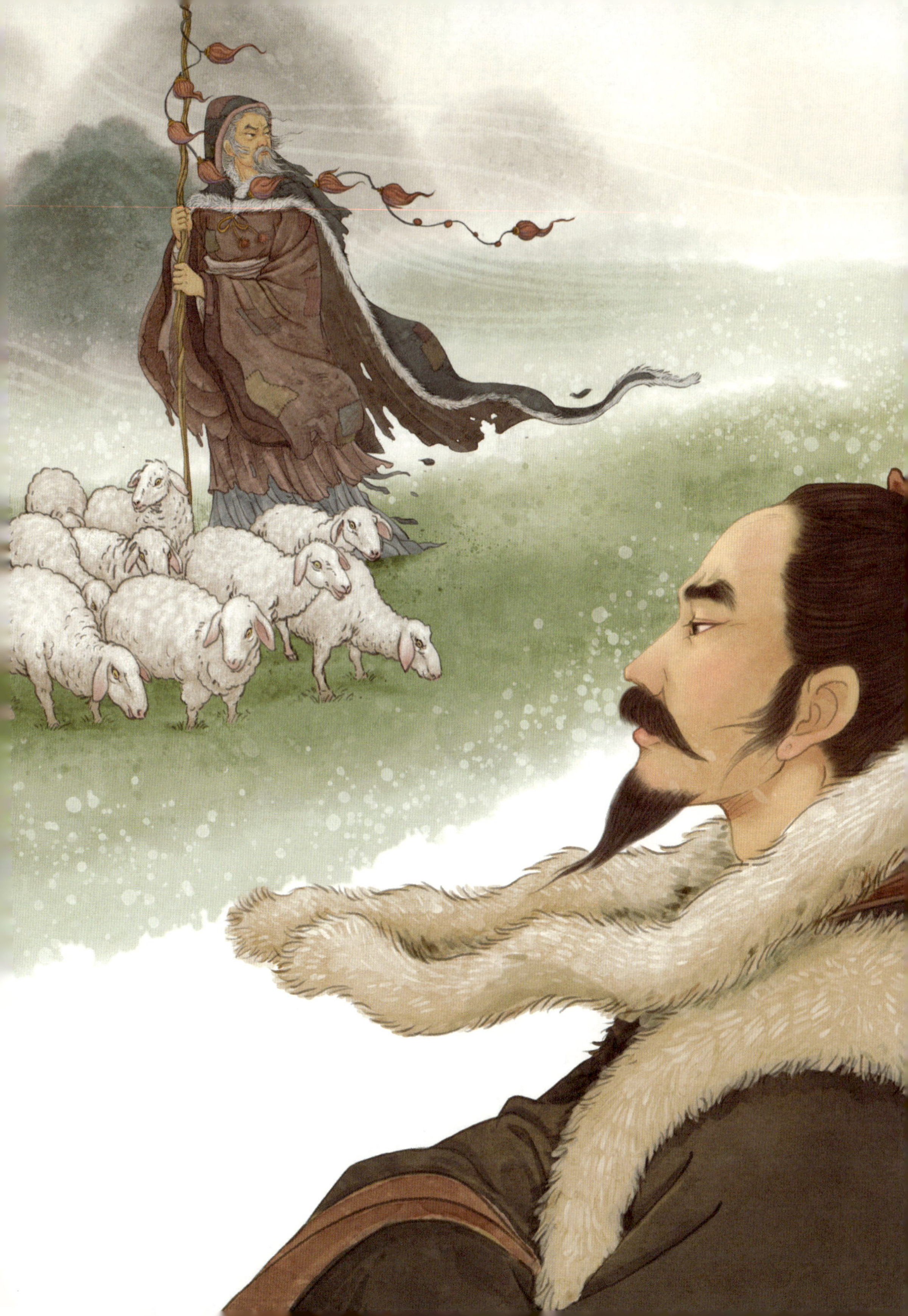

扫描二维码
听嘉兴的声音吧

第二集 一番真心

人们总会根据自己的个人境遇做决定，李陵认为士不可辱，苏武认为为国尽忠无所恨。对李陵、苏武的争论一定会千古继续，这便是历史的意义。

《汉书》又称《前汉书》，东汉班固著，是中国历史上第一部纪传体断代史"二十四史"之一。全书主要记述了上起西汉汉高祖元年（公元前206年），下至新朝王莽地皇四年（公元23年）共229年的史事，共120卷。

《汉书》把《史记》的"本纪"省称"纪"，"列传"省称"传"，"书"省称"志"，取消了"世家"。这些变化被后代一些史书所沿袭。

《汉书》记事注重史事的系统、完备，力求有始有终、记述明白。唐代学者刘知幾评价《汉书》说："究西都之首末，穷刘氏之废兴，包举一代，撰成一书。言皆精炼，事甚该密。"《汉书》之后，历代正史都沿袭了《汉书》断代史的体裁，正如刘知幾所说："自尔迄今，无改斯道。"

——本集人物李陵、苏武，事迹见于《汉书·卷五十四·李广苏建传》

大家好，欢迎关注我的学习分享。

最近，老师在班里谈到"人要有独立的精神"。老师提到了司马迁对于伯夷、叔齐故事的思考——司马迁就有独立的精神。

一位同学说："司马迁就是因为太有自己的想法了，才被汉武帝处以宫刑的。"

老师对他说："你能具体说说你的想法吗？"

那位同学说："司马迁的好友李陵是个叛徒，司马迁非要替他辩解，所以被处以宫刑了。"

有的同学窃窃私语，互相询问着李陵是谁。老师说："我先来讲讲李陵的故事吧！"

汉朝有一位皇帝——汉武帝，喜欢开疆扩土。在一次征讨匈奴的战役里，汉武帝安排了一个大将军做前锋，又派了李陵当后援。可是，李陵却在战前跑去见汉武帝，说："我招募了能征善战的勇士，每个人的力气大到能勒死老虎。所以，我希望和这些勇士一起去当冲锋军，不当后援。"汉武帝想："李陵的爷爷李广是个有名的大将军，他的孙子应该也不会差。"于是，汉武帝就把李陵派到了前线，并派了一个叫路博德的人去当李陵的后援。但是这个路博德一听要当后援，也不高兴了，他迟迟不发兵，拖慢了李陵征战的步伐。汉武帝看到李陵的军队行动迟缓，认为是李陵害怕，想拖延时间，他就生气了，召见路博德，说："李陵这是什么意思呀？"路博德说："没什么，我们就是认为这场战争还得延缓一下。"汉武帝说："不行，不能延缓。匈奴的单于都打过来了，还怎么延缓啊！"汉武帝召来李陵，对他说："现在马上去抵御匈奴的进攻！"

　　李陵率领人马，浩浩荡荡地踏上了迎战匈奴的征途。李陵的手下虽然没有多少人，但是个个骁勇善战，他们屡次打败匈奴，以至于匈奴单于萌生了退意。可就在此时，李陵手下出了一个叫管敢的叛徒，这个人找到匈奴的单于说："大王，据我了解，李陵的援军没有到，可以说是孤军奋战，所以您没什么好怕他的。我觉得，您只要调来更多的军队，接着和他战斗，再过一段时间，李陵就会被打垮了。"单于听取了他的建议，带领自己的军队，与李陵的军队僵持。而李陵的军队，也如管敢所说的一样，因为援军没到，射光了最后五万支箭。李陵想："不如我单枪匹马刺杀单于去吧！"可是刺杀的行动没有成功，这时李陵的手下对他说："之前有位将军叫赵破奴，和匈奴战斗的时候输了，被匈奴抓住。可赵破奴找到机会，逃出匈奴的阵营，回到了汉朝，皇上现在对他也很不错。不如，您现在学学赵破奴，也先投降匈奴。"李陵想，这倒也是一个办法，于是他就向匈奴投降了。

　　李陵投降的消息传到了汉武帝的耳朵里，汉武帝勃然大怒。这时司马迁站出来为李陵辩解，汉武帝便用宫刑处置了司马迁。可是过了一阵，汉武帝冷静了下来。他想："可能李陵真的是被迫投降匈奴的。"他就派使节出使匈奴，希望了解真实的情况。而匈奴的边境上，正好有一位守将是从汉朝投降来的将军，也姓李，叫李绪。这位李绪将军把汉朝的使节挡在了匈奴边境线上，不许他进去。汉朝使节向旁边的人打听："你们这位将军是从汉朝来的吗？"得到的回复是："对。他是投降来的。"使节接着问："那他姓什么？"得到的回复是："他姓李，是我们的李将军。"

汉朝使节似乎明白了什么，他快马加鞭回到了汉朝皇宫，把这一切上报给汉武帝，说李陵把他们挡在了边境线上。汉武帝听后大怒，下令杀了李陵全家。过了一阵，这个消息传到了李陵那儿，李陵抑制不住心中的怒火，杀掉了李绪。之后，李陵想："我现在家破人亡，还回汉朝去干什么呢？"于是他就留在了匈奴。汉武帝去世后，新皇帝汉昭帝登基，他任用了许多李陵的朋友做大官。这些人想："李陵应该是被冤枉的，不如我们去请李陵回汉朝吧！"他们请示皇帝，皇帝便派使节去匈奴找李陵。可李陵却说："我已经在匈奴这边娶了妻子，没有必要回去了。人不能受两次同样的侮辱。"就这样，李陵终老在了匈奴。

老师讲完李陵的故事，我举手，起立说道："李陵向匈奴投降是情有可原的。"

我的同学也起立说:"他投奔匈奴,还坚决不回汉朝,这不是叛国吗?怎么情有可原?"

我反驳道:"他不回汉朝是因为汉武帝寒了他的心,他不再相信汉朝皇室了。汉昭帝毕竟是汉武帝的儿子,谁知道他会不会跟他父亲一个德行?李陵最后说,人不能受两次同样的侮辱,可见他是有顾虑的,皇室对不起他,不回去是他无奈的选择。"

同学继续反问我道:"皇室对不起他,他就能名正言顺地背叛自己的国家吗?"

我再次强调说:"我是说他情有可原,错不在他一个人。他的选择是无奈的,难道要让一个人对全家被杀的事情无动于衷吗?李陵首先是个人,然后才是个臣。汉武帝杀他全家,他已经没有了家人,连一个正常人都做不了了,还怎么做一个臣子呢?所以我觉得不能一味地指责他是个叛徒。"

那个同学不说话了,我们都看着老师,等待着老师的"仲裁"。老师却不说话,只是微笑着看着我们。这时候,另外一位同学举手了,老师示意他可以发言。这位同学起立之后说:"老师,我听过苏武牧羊的故事,苏武也身陷匈奴,他怎么就没背叛自己的国家呢?"

老师没有直接回答他的问题,而是对这位同学说:"你先来给我们讲讲苏武的故事吧。"

这位同学讲,汉武帝时期,汉朝与匈奴经常爆发冲突,两国也曾经互相派出使节求和,可是往往会被对方扣留。匈奴新的单于即位后,决定要和汉朝交好,于是他释放了所有被扣留的汉朝使节。汉武帝听闻这个消息,任苏武为中郎将,张胜为副中郎将,让他俩带领被扣押的匈奴使节回到匈奴。

这一切原本很顺利。可是匈奴的一位大王，派了一个叫虞常的人去见副中郎将张胜。虞常曾经归顺过汉朝，和张胜是老相识。他们寒暄之后，虞常对张胜说："张胜兄，我们大王准备夺取单于的位置，但是需要你们汉朝的帮助。虽然现在的单于也在和你们交好，但是相比之下，我们大王更亲近汉朝。他上台之后，希望和汉朝交好。我这里有一些金银珠宝，希望您收下。"张胜想，这事对汉朝有好处，对自己也有好处，就答应了虞常的请求。

可是，这位大王篡位没有成功，虞常也被单于抓了起来严刑拷问。虞常被迫说出了张胜的名字，而张胜又牵连了苏武。于是，单于就派另一个归顺匈奴的汉朝人卫律去见苏武。卫律对苏武说："我们单于希望见见您，跟您聊聊。"

苏武说："我去见单于，肯定会受到他的侮辱。身为汉朝的使节，我受侮辱就相当于汉朝受侮辱，这绝对不可以，我还不如死了呢！"说罢，苏武就拔刀自刎了。可他这一刀没有伤到要害，卫律也很快找来医生救治他。苏武的伤势逐渐好转，这时候，单于就想："这个苏武很有气节，挺让人佩服的，不如我试试看能不能让他归降吧！"

于是单于又派卫律去劝降苏武，卫律对苏武说："苏武兄，你看我归降后有了这么多金银财宝，你归降后，单于肯定也不会亏待你的！"苏武不理他。卫律又说："你要是不归降，以后可就见不着我了！"苏武说："你身为汉朝臣子，却背叛国家，帮助匈奴作乱，我为什么要见你？"单于见劝不动他，就把他关进了地窖。

地窖里没有任何吃的，当时正值大雪天气，苏武便靠地窖里的毛毡子和雪来维持生命。单于见苏武在地窖里待了很久也没死，觉得他可能是个神人。于是他把苏武流放到北海，让他牧养一只公羊，告诉他如果能让公羊生出小羊崽，就让他回汉朝。苏武在北海养着这只公羊，自己靠挖老鼠藏在地里的果实为生。他从来没有忘记自己是汉朝的使节，珍藏着从汉朝带来的汉节。所谓汉节，就是一根系着几层牦牛毛的竹竿，以此象征使节的身份。即使竹竿上的牦牛毛都快掉光了，他也一直拿着，时刻提醒自己是个汉人。很多年后，有一个人来到北海，对苏武说："我最近抓住了一个位于匈奴和汉朝边境的汉人。他穿着白衣服，这说明当时派你出使匈奴的那位汉武帝已经去世了。"苏武闻言大哭，从那以后，他每日都在为汉武帝哀悼。

等同学讲完，我举手说："老师，我认为苏武与李陵的情况完全不同，苏武作为使臣出使匈奴，没有遇上任何凶险，还受到了礼遇。他们一行人不该参与匈奴的内乱。虽然受贿的是张胜，但他是副中郎将，而苏武作为正官，是有连带责任的。没有人对不起苏武，倒是苏武一行人的所作所为有愧于汉朝。我认为苏武的心中可能是内疚的，他本就应该持节守义，根本没有投降匈奴的理由。"

老师这时才发话，他对我说："苏武在苦寒之地守节，谁又看得见呢？你刚才说李陵失去了家人，可是苏武的哥哥因搀扶汉武帝下马车时碰断了马车的柱子而自杀，苏武的弟弟也因为追查逃犯不力而自尽。在苏武陷于匈奴的日子里,他的两个妹妹不知存亡,妻子改嫁。你看,他也失去了家人,他为什么不投降?"

我想了想,回答说:"苏武的持节守义不是做给别人看的,他是在坚守心中的独立精神!"

老师满意地点点头,说:"我刚才的话,其实是李陵劝降苏武的话。"听完这句话,同学们都吃惊地看着老师,大家都没想到李陵居然与苏武有过交流。老师继续说:"苏武的回答与你的差不多,他说苏家的一切都是皇帝给的,皇室没有对不起苏家,自己没有理由投降。"

我们又问道:"那李陵说了什么?"老师说:"李陵很尊重苏武的决定,称他为义士,并且大哭,说与苏武比起来,自己的罪有天那么大。之后他还送了苏武一些牛羊。"

我接话道:"所以我觉得李陵内心是很矛盾的!"

老师接着说:"汉昭帝时,汉朝与匈奴和亲,修好了关系,汉使也历经周折迎回了苏武。在欢送苏武的晚宴上,李陵跳了一支舞,还唱了一首歌。"

径万里兮度沙幕，为君将兮奋匈奴。
路穷绝兮矢刃摧，士众灭兮名已聩。
老母已死，虽欲报恩将安归。

李陵在这首歌里讲述了自己的悲惨经历，他驰骋万里穿过沙漠，身为皇帝的将军奋勇杀敌，却走投无路，兵器全无，最后不仅全军覆没，自己还身败名裂。母亲离世，自己想尽孝，想报恩，都已经没有办法，所以他也无心再回到故国了。

老师说："我觉得今天似乎看到了汉朝公卿在朝廷上的论辩。人们总会根据自己的个人境遇做决定，李陵认为士不可辱，苏武认为为国尽忠无所恨。对李陵的争议，对苏武的肯定，你们都说得很好。李陵与苏武的故事都记录在《汉书》中，这是东汉的班固编撰的史书。班固认为李陵愧对祖宗，而苏武不辱使命。我相信对李陵、苏武的争论一定会千古继续，这便是历史的意义。"课堂上安静了下来，我们都陷入沉思，很久很久。

第二讲

兮字拖长（二）

李陵是西汉初年的人，虽然李家祖籍在甘肃，属于北方，但是李陵学习的文化，很有可能来自南方的楚地。我们看李陵唱的歌就能知道。

历史上流传着几首相传是李陵和苏武相互应答的诗歌。那些诗歌每句五个字，是标准的五言诗。整齐的五言诗很有可能是汉武帝之后才兴起的，按时间推算，李陵和苏武应该是不会作的。所以，很多人都认为那些诗歌是后人创作的，假托到了李陵和苏武身上，这和《采薇歌》的身世有点像。但是，《汉书·苏武传》中记载的这首歌，很有可能真的是李陵创作的。

径万里兮度沙幕，为君将兮奋匈奴。
路穷绝兮矢刃摧，士众灭兮名已聩。

老母已死,虽欲报恩将安归。

这首诗歌的前四句,每句的中间都有一个"兮"字,上一讲我们已经说过了这种诗歌的吟诵方法:"兮"字跟着前面读。

"兮"字还要拖长读,这样你就能更好地理解李陵所要表达的意思了。前两句是"径万里兮度沙幕,为君将兮奋匈奴",李陵是说:"我走了很远啊,穿过了沙漠。我是汉朝的大将啊,我奋力去击杀匈奴。""兮"字分别在"万里"和"君将"后面,拖长读,你就可以感受到,李陵是想表达自己的委屈。他原本没有反心,只有忠心,他为汉王朝付出了太多太多,是汉武帝对不起他。

接下来的两句是"路穷绝兮矢刃摧,士众灭兮名已聩"。"兮"字在入声字"绝"和"灭"的后面,入声字短促的发音与"兮"字拖长的声音结合,你能感受到李陵在强调自己失败的客观原因:无路可走,士兵全无。"兮"字的长读可以放大这两个因素带来的绝望,让人更深切地体会到李陵的无奈。

这首诗歌的最后两句，李陵没再使用"兮"字，而是用散句结尾，"老母已死，虽欲报恩将安归"。李陵说："我的母亲都死了，我还报什么国恩呢？"这是一句愤怒的实话，这样真实的情感，就不必再用什么艺术手段了。散句的形式，往往用来表达最真实、最朴素的感情，没有修饰，没有技巧，直抒胸臆。吟诵到这一句的时候，最好打乱节拍，用自然真诚的语气来唱。

我们来看本首诗歌押的韵字："幕"与"奴"。在上古音里，它们有可能是同一个韵部的字（西汉初年的人很可能还在用上古音说话）。嘉兴吟诵到这里的时候，韵字没有拖得很长，因为"幕"与"奴"在上古时期的读音很可能是短促的。吟诵是为了更好地接近诗义，而不是为了还原古代的声音。我们需要了解声音的流变，不必纠结于字音原本是什么样子。可以确定的是，"幕"与"奴"在上古音里是开口音，李陵想借助这两个字的声音特点来呼喊出自己的委屈。所以，吟诵到这里的时候，悲愤一些、用力一些会更好。

"摧""聩""归"，这三个字在上古音里，应该是同一个韵部的,发音口型较小。李陵在大声疾呼后,用发音口型小的字来表现自己的无奈。在吟诵的时候,拖长读这几个字,能更好地体会李陵的悲情。

所以,吟诵本首诗歌,要注意前后的语气变化。前面委屈,中间无奈,最后愤怒。

你可以再听听嘉兴的吟诵,也可以自己试试,来感受一下吧!

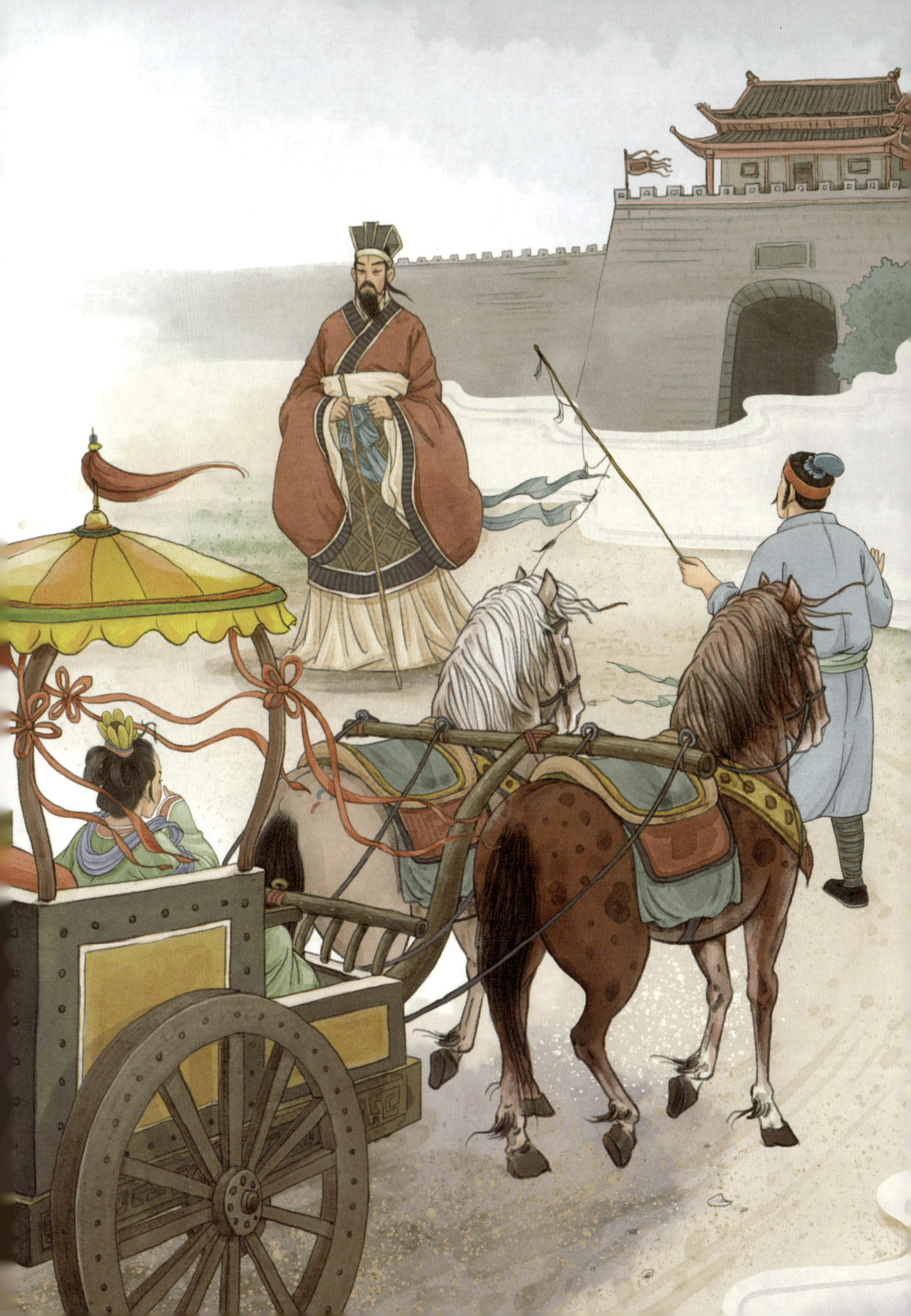

扫描二维码
听嘉兴的声音吧

第三集 一条强项

老师,您有时温和,有时严厉,批评起人来也毫不心软,您也很酷!

《后汉书》，南朝宋范晔编撰，唐高宗太子李贤为其作注，"二十四史"之一。全书主要记述了上起东汉光武帝建武元年（公元25年），下至汉献帝建安二十五年（公元220年）共195年的史事，共120卷。

《后汉书》相较于前代史书，创立了《党锢传》《宦者传》《文苑传》《独行传》《逸民传》《方术传》《列女传》7种新的类传，为后世大多数纪传体史书承袭，正如邵晋涵在《江南书录》中写到的"诸史相沿，莫能刊消"。

《后汉书》记事规避得法，彼此间既有照应，又不重复繁冗，唐代学者刘知几评价《后汉书》说其"简而且周，疏而不漏"，南宋学者王应麟则说："史裁如范，千古能有几人？"

——本集人物董宣，事迹见于《后汉书·卷七十七·酷吏列传》

大家好，欢迎关注我的学习分享。

在听了这么多有独立精神的人的故事之后，有一天，我问老师："坚持自己的想法，独立而不移，会不会都像伯夷、叔齐，李陵、苏武一样，遇到各式各样的危险和磨难呢？"

老师沉默不语，过了一会儿说："你还记得我给你讲过的'强项令'的故事吗？"

我说："我当然记得。"

东汉光武帝的姐姐湖阳公主的一个家奴，在光天化日之下杀人后，立刻逃到了湖阳公主家。执法的官吏不能进去搜查，因为没有得到公主的批准。湖阳公主特别猖狂，竟然带着这个家奴驾马车外出游玩。他们来到洛阳的夏门亭，一看董宣也在这儿。董宣是当时东汉都城洛阳的县令，相当于现在的市长。他一看湖阳公主来了，立刻下马，拿刀在地上画道儿，每画一道儿就说一个湖阳公主的过失，批评她不该纵容家奴杀人。说完所有的过失之后，董宣就把杀人的家奴从马上叫下来，当场乱棒打死了。湖阳公主很生气，立即回宫告诉了弟弟光武帝。光武帝把董宣召来，想要处死他。董宣对着光武帝磕了一个头，说："我可以死，但是我想要跟您说一句话。"

光武帝问："说什么？"

董宣说："大汉王朝在您的手里中兴了，但是您现在却纵容家奴杀人，以后还怎么治理天下呀？我不用您杀我，我可以自杀！"说完，他就用自己的头去撞柱子，鲜血一下子流得满脸都是。

光武帝自知理亏，立刻派手下人去扶住董宣，不让他再撞。后来，为了息事宁人，光武帝让董宣向湖阳公主磕头道歉，但董宣两手撑地，任凭光武帝派人来摁他的头，也坚决不从。

湖阳公主便问光武帝："你没当皇帝的时候，有逃亡的人躲到咱们家，官吏都不敢搜查。你现在身为皇帝，难道威严还不能施加在一个洛阳令身上吗？"

皇帝笑着说："做皇帝和当百姓是不一样的，皇帝要对天下的百姓负责。"于是他赐给了董宣一个"强项令"的称号。什么叫强项令呢？从字面上解释，就是有着强硬的脖子的洛阳令，光武帝是用这个称号来表扬董宣的刚强、正直、不屈服。光武帝还赐给董宣三十万贯钱。董宣在拿到这些钱之后，立马就分给了那些和他一起逮捕湖阳公主家奴的随从。

老师对我说："董宣这境遇是不是挺险的？"我点了点头。

老师说："其实他可以不做这么危险的事，他逮捕湖阳公主的家奴就是了，何必当场就杀了他？"

我想了想说："这个家奴都敢大白天驾马车出门了，要是不让他就地伏法，指不定哪天他就被湖阳公主救出来了。"

老师笑了笑，继续说："那他在朝堂上给湖阳公主道个歉，这事儿不就过去了吗？何必死活不低头呢？"

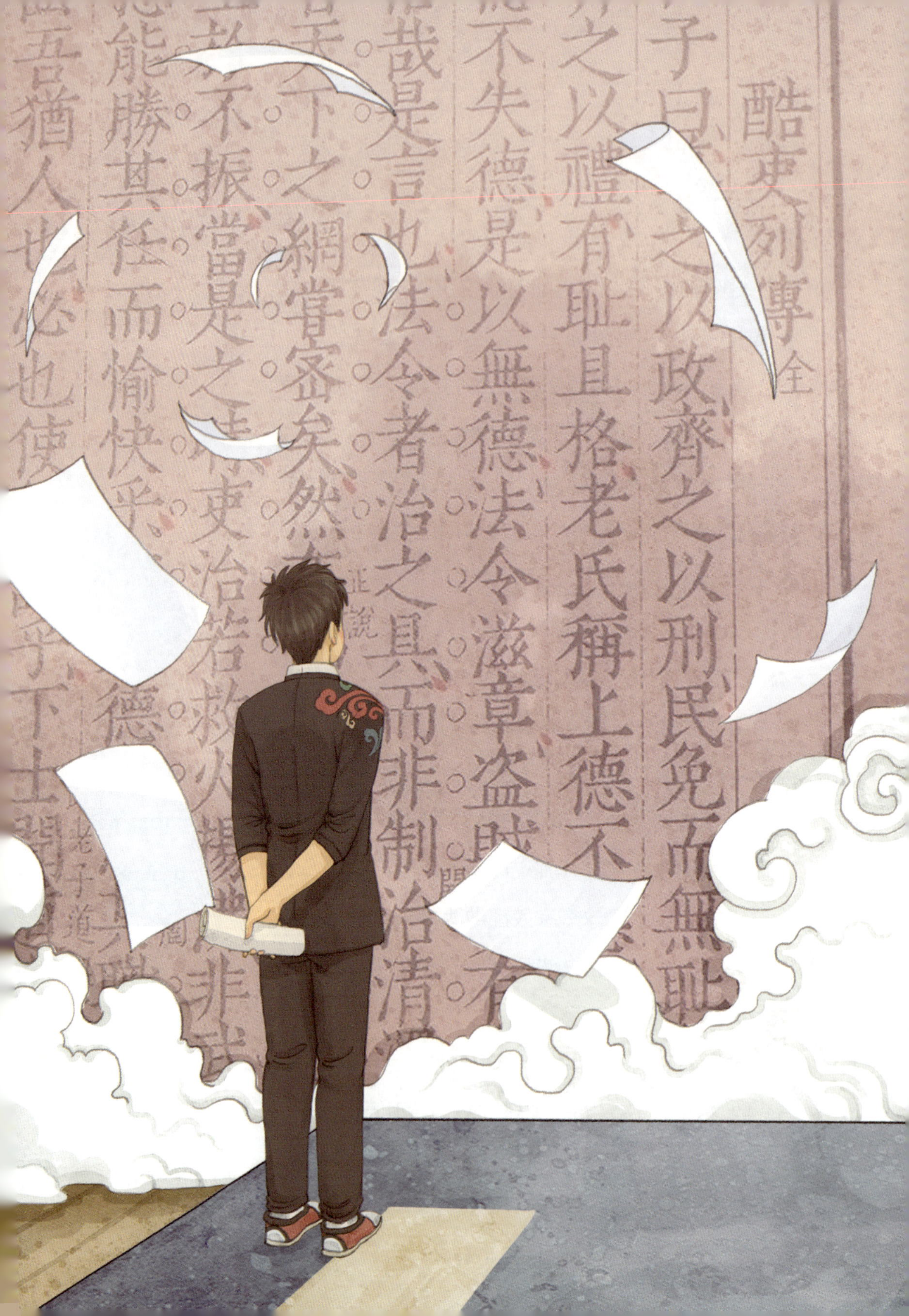
酷吏列傳全

我想了想，决定先向老师提问："老师您先说我刚才那个回答对不对？"

老师点点头说："你说得有道理，看湖阳公主的架势，董宣要是不采取极端行动，估计真的难以让那个家奴得到该有的惩罚了。"

这回轮到我笑了，我马上说道："既然您也承认董宣做得对，那他为什么要道歉呢？您的问题自相矛盾呀！"

老师微笑地看着我说："真不错。看来你十分看重是非曲直，对不对？"我点点头。

老师继续说："你现在不纠结危险和磨难的问题了？"我才明白过来，原来老师在这儿等着我呢！

老师有些严肃地说："其实，坚持自己的想法，独立而不移，有些时候确实会遇到危险和磨难。董宣原来有个手下叫公孙丹，他建房子的时候请了个风水大师来看风水，这位大师说这房子盖好了是要死人的。公孙丹听了这话，就让儿子到大街上杀了个人，来抵这个死人名额。董宣得知后把这父子二人全杀了。可是公孙丹家在当地是大家族，他们父子死后有三十多个族人来到府衙前的大街上喊冤，董宣二话不说，让手下一位叫水丘岑的官员把他们全部抓起来处死。"

听到这里，我不禁感叹道："这杀伐有点太重了吧！不过我能理解他为什么这么做。"

老师看着我，有些惊讶，问："你能说说为什么吗？"

我就知道老师会这么问，早准备好了怎么回答。我说："我们在历史课上曾经学过东汉的这段历史，历史书上提到，西汉末年，王莽篡位后胡乱统治，把汉朝两百年来攒下的基业毁得差不多了。于是天下大乱，出现了各路军队，一方面他们起义成功，杀死了王莽，另一方面他们眼里完全没有王法，胡作非为。您刚才不是说公孙丹家是当地有名的大家族吗？历史老师说有的大家族无视王法，是社会不安定的因素。您看湖阳公主也说光武帝没当皇帝时藏亡匿死，根本没人敢管，可见天下没有王法到什么地步了。公孙丹这样的事儿出现在东汉初建的时候，一点儿都不新鲜，董宣要是不来点儿狠的，根本镇压不住这股邪风。历史老师说两汉有许多酷吏,大多是因为这些原因。"

老师摸摸我的头说:"你还真厉害,不可小觑呀。这个公孙丹还真是跟王莽有关,他原来是王莽的党羽,董宣这样做,确实有震慑大家族的用意。孔子曾经说,统治得太宽松了,百姓会轻慢放纵,这个时候就要用严厉的做法来纠正不良之风。你能看到这一点真的很不错。"

我谦虚了一下,说:"这是我在历史课上学到的。"

老师继续说:"但是董宣因为这件事被逮捕入狱了,被判死刑。"

我抢话道:"光武帝真的想要处死他吗?"

老师没回答我的问题,先问我说:"你认为光武帝会饶恕他?"

我说:"历史老师说光武帝中兴汉朝的做法中,有一个重要的举措就是任用人才。董宣这样的人是治理乱世的人才,汉武帝应该是不愿意诛杀他的。还有,要是他真的被处死了,后面怎么会有强项令的故事呢?"

老师满意地点点头，说："你猜对了，光武帝最后赦免了他。董宣在光武帝的使者面前承认了自己所做的一切，但他认为自己根本没做错，而且还跟使者说，一定要放了被自己连累入狱的无辜的水丘岑，责任都是他董宣一个人的。"

我又接话道："董宣很有担当，真是太酷了！"

老师笑着对我说："董宣在《后汉书》中被记录在《酷吏列传》里，虽然这个'酷'与你说的'酷'不是一个意思，但确实是同一个字。"

我挠了挠头说："这真是巧合了。"

老师说："既然这样，我就给你个任务吧。《后汉书》里记载，有一首歌是歌颂董宣的，但只有一句话，叫'枹鼓不鸣董少平'。枹鼓，就是击鼓鸣冤的那个鼓，少平是董宣的字，意思就是说董宣的衙门前不会响起枹鼓的声音，可见董宣公正治理的力度。你再创作三句，凑成一首七言绝句，如何？"

我听后，冥思苦想了一番。

洛邑通衢鹤唳声，湖阳车马止前行。
一条强项轻权贵，枹鼓不鸣董少平。

  这是我借助古人留下来的句子创作的歌颂董宣的诗。洛阳的大道上行驶着一辆大车，湖阳公主家的家奴坐在马车上，有风声鹤唳之感。因为他心知自己杀了人，害怕受到惩罚，结果这辆马车真的被董宣拦了下来，停止了前行。董宣这个"强项令"并不会把权贵看得那么重，也正因为如此，那专门用来申冤的枹鼓，永远不会在董宣的府衙门前响起。

  最后，我对老师说："老师，您有时温和，有时严厉，批评起人来也毫不心软，您也很酷！"

  老师俯下身子看着我，笑着说："用孔子的话来说，这叫古之遗爱。"

盈视讲吟诵　第三讲

吟诗作诗

我们这一讲来说说如何吟诵着作诗。

诗歌是怎么创作出来的呢？有可能是一位作者偶然吟咏出了一句话，觉得非常好，于是记录下来，然后慢慢找机会再填补其余的句子。当然，并不是每首诗都是这么创作的，但这种情况应该很常见。古人说"妙手偶得"或者"时来佳句"，还有那些把偶然得到的好句子写满家里院墙的古代故事，都能支持我的这个判断。

在本集故事里，我们提到了《后汉书》里记载的歌颂董宣的诗句："枹鼓不鸣董少平。"嘉兴补作了三句，凑成了一首七言绝句。这就像是那"偶然得到一个好句子，再补充三句"的创作过程了。那么，在这种情况下，我们怎么去补充另外的三句诗呢？

首先，我们要想想：把这个已经得到的好句子放在诗歌的第几句？我建议初学作诗的人，先作近体诗。近体诗要求押平声韵。先吟咏一下自己得到的好句子，听听结尾字是什么声调。如果是平声，这个句子就可以作为诗歌的第一、第二或第四句；如果是仄声，就可以作为诗歌的第一或第三句。因为近体诗要求第二、第四句必须押韵，第一句可以押韵，也可以不押韵。

"枹鼓不鸣董少平"，结尾字"平"是平声，可以放在第一、第二或第四句。

诗歌的第一句往往叙事或者写景，最后一句往往是总结或者升华。当然，结尾句最好不要把想写的意思直接表达出来，而是要用形象化的语言去描述。枹鼓，是鸣冤的鼓。枹鼓不鸣，意思就是没有冤情。这个句子就是用形象化的语言在表现董宣为官能力强，适合作结尾句。于是，嘉兴把《后汉书》里的这个遗留句作为自己新作诗的第四句。

接下来，补足前三句。近体诗要求一首诗中的韵字都要来自同一个韵部。我们既然已经有了一个押韵的句子，韵部就已经定了。那要怎么才能知道哪些字在同一个韵部里呢？这是古代文人的基本功，他们从小会背韵书，而今天作诗的人，可以翻阅《佩文诗韵》或者上网查询。

在《佩文诗韵》里，汉字按照声调不同，被分为了四个部分：平声、上声、去声、入声。每个声调里又有许多分类，比如平声字，因为太多了，所以被分成了上平和下平两个部分，每个部分都有十五个韵部，加起来一共有三十个韵部。这种情况在另外的三个声调里没有出现。

通过查找，"平"字在下平的第八个韵部里，这个韵部的第一个字是"庚"。所以我们就说"平"是下平八庚韵的字。读这个韵部的字，口型不大不小，声音会在胸腔中回荡，会给人带来一种深深的感慨。

嘉兴补充完的这首诗是：

洛邑通衢鹤唳声，湖阳车马止前行。
一条强项轻权贵，抱鼓不鸣董少平。

第一句的结尾字是"声",第二句的结尾字是"行",这两个字都是下平八庚韵里的字。而第三句的结尾字"贵"是仄声。

第一句既是写景,也是叙事。洛阳城的大道上有鹤在叫,这是在描写气氛的紧张。为了表现这种紧张的气氛,嘉兴特意用了"洛""邑""鹤"这三个入声字。于是这一句吟诵起来就有顿挫的感觉,紧张的情绪也会很明显地表现出来。

近体诗按照平仄的安排,大概可以分为平起和仄起两种。平起诗第一句的第二个字是平声;仄起诗第一句的第二个字是仄声,第四个字往往是平声,第二句的第二个字和第四个字往往是平声。也就是说,仄起诗第二句的平声比较多。我们知道,吟诵近体诗的时候,二四位置的平声要拖长(详见《读书有次第》中第十六讲"平长仄短")。那么,吟诵仄起诗,我们就会感觉第二句要比第一句显得悠长许多。这就像是先用稍快的语气引起你的注意,再用长长的语气向你展示一个重要场景。嘉兴作的这首诗是仄起诗,他正好利用了仄起诗的声音特点来安排内容。吟诵本诗的第二句时，我们似乎可以看到董宣与湖阳公主长时间对峙的场景，颇为壮观。

诗的第三句并没有继续叙事，因为话说到这里，读过"强项令"故事的人都知道结局了。于是嘉兴转而抒情议论，他说董宣刚强不屈，轻视特权，维护了正义。仄起诗第三句的平仄安排往往和第二句是一样的，也就是说，也有两个拖长的平声。所以吟诵本首诗的第三句，我们也能好好玩味一下嘉兴对于董宣的赞赏。

最后一句则是《后汉书》里的原话了，这句正好符合仄起诗最后一句的平仄安排——与第一句相同，于是嘉兴就将这句放在了这里。这句仄声多，在吟诵的时候需要重重地读。吟诵本首诗的最后一句，正好让人感觉收尾在一番隆重的感慨上。

你也快来跟随嘉兴，吟诵一遍这首借助古人的句子而创作的诗吧！

· 第二部分 ·

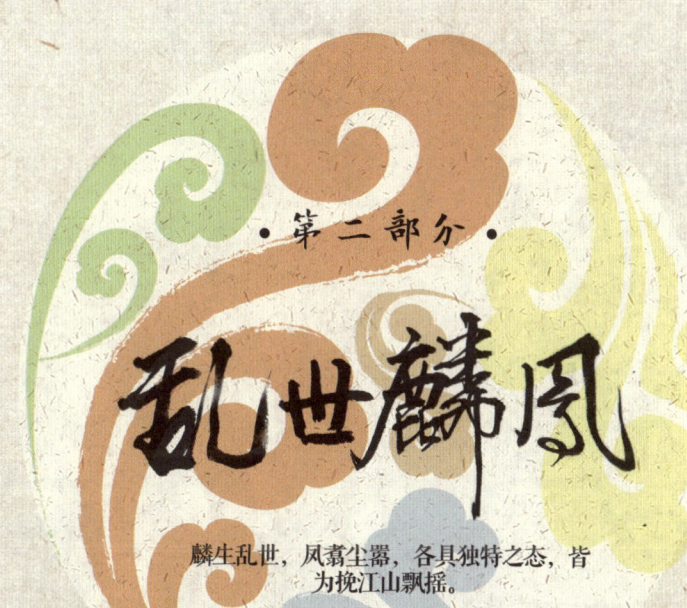

乱世麟凤

麟生乱世，凤翥尘嚣，各具独特之态，皆为挽江山飘摇。

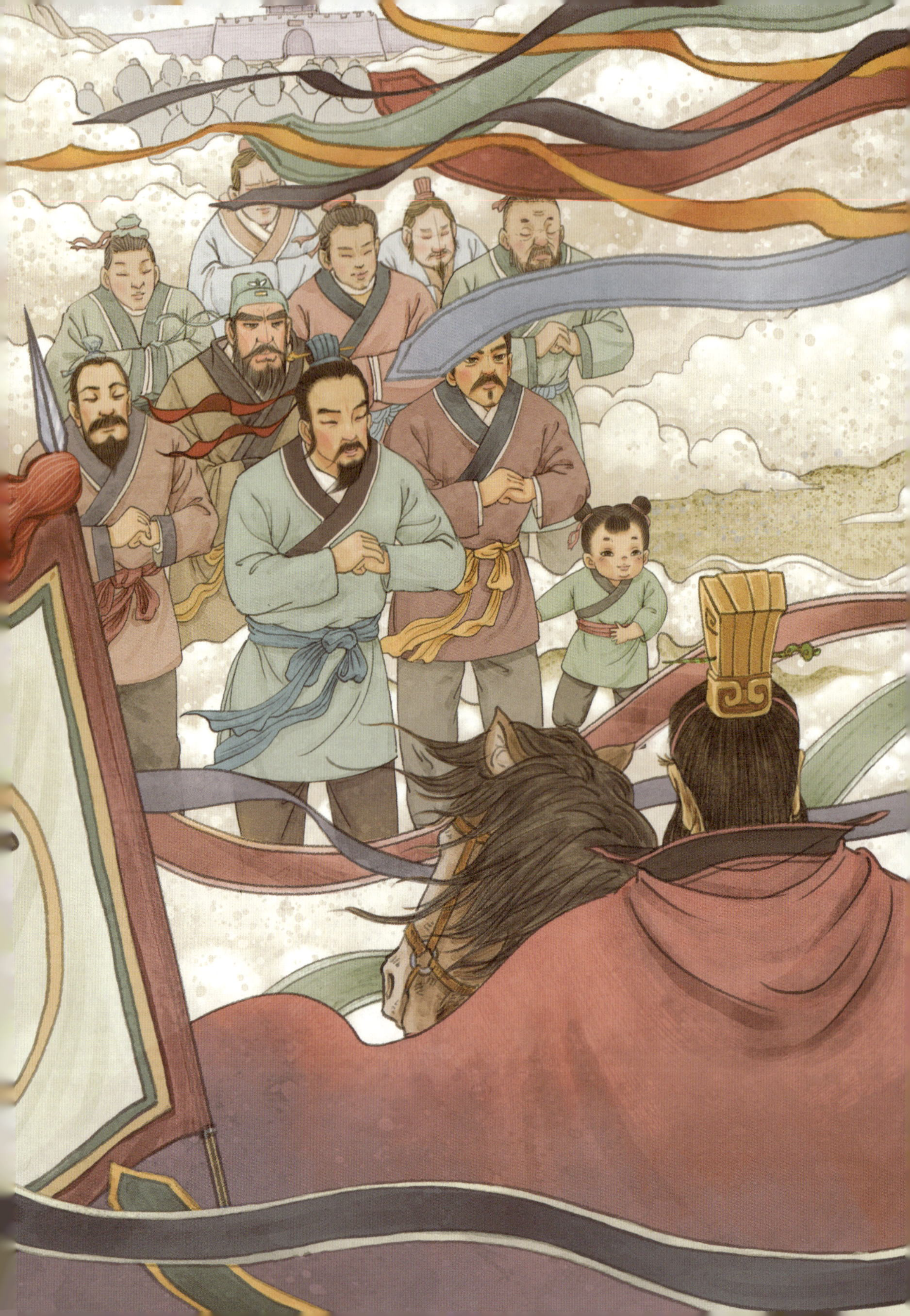

扫描二维码
听嘉兴的声音吧

第四集 一代士雄

一千八百年前的人都懂得尊重别人的独立想法，我们今天更不该随便给人扣帽子，要尽量尊重每个人的选择。

《三国志》，西晋陈寿著，南朝宋学者裴松之为其作注，『二十四史』之一，与《史记》《汉书》《后汉书》合称『前四史』。全书主要记述了上起魏文帝黄初元年（公元220年）到晋武帝太康元年（公元280年）共60年的历史。

《三国志》是一部纪传体国别史，共65卷，含《魏书》30卷、《蜀书》15卷、《吴书》20卷，只有『纪』和『传』两种体例。《三国志》最早以《魏书》《蜀书》《吴书》三书的形式单独流传，北宋王朝在咸平六年（公元1003年）将三书合一，最终成书。

《三国志》擅于叙事，文辞简约，剪裁得当。北魏崔浩说：『陈寿《三国志》有古良史之风，其所著述，文义典正，皆扬于王廷之言，微而显，婉而成章，班史以来无及寿者。』

——本集人物田畴，事迹见于《三国志·卷十一·魏书十一·袁张凉国田王邴管传》

大家好,欢迎关注我的学习分享。

有一天,我正在教师办公室里与老师讨论董宣的故事,突然听到旁边的老师在教育一位其他班的同学,说他没有集体意识,原因是那位同学不参加班委的竞选。那位同学没有辩解什么就离开了,我看着他的背影摇了摇头。

老师问我:"你也不认同他不竞选班委的行为?"

我点点头,说:"我认识他,他人缘很好,在小组学习的时候,很多同学都愿意跟他一组,让他做组长。上次社会实践活动的时候,我们组还碰到过他们组,我看他带领他们组把活动完成得特别好。既然这么有能力,就该竞选班委,主动为班级做贡献啊。"

老师笑了笑说:"为班级做贡献就一定要当班

委才行吗？"

我刚要反驳，突然又停下，说："您是不是又要讲故事？我听完故事再说。"

老师想了想说："那我先给你讲个《三国志》里的故事吧！"

东汉末年有一位叫董卓的大军阀，想通过控制皇帝来统治整个国家。他把当时的皇帝汉献帝从首都洛阳挟持到了长安。为什么到长安呢？因为长安是董卓的地盘儿，在这里就不怕别的军阀来抢皇帝了。在古代，各个地方的管理者要定期拜谒皇帝，可是董卓这招儿一出，没有人敢去拜谒皇帝了。只有一个特殊的人例外，他就是幽州牧刘虞。"牧"是管理者的意思，幽州牧，在现在就相当于幽州市的市长。刘虞想："汉朝已经存在了这么多年，我应该继续帮助汉朝维持威信，不能让董卓统治汉朝。"他又想："我姓刘，汉献帝也姓刘，我们都是皇室的人，所以我一定要去帮助汉献帝。"可是他不能离开自己管理的幽州，于是他想找一个年轻的义士去拜谒汉献帝。这时候就有人向他推荐了田畴，刘虞就让田畴以自己属下官员的名义去拜谒汉献帝，看看他现在过得怎么样。但田畴却说："我不能当您下属的官员，因为在这个乱世里有一个官员的身份反而麻烦，不如就让我以私人的名义去拜谒皇上吧！"

汉献帝听说有人来拜见自己,心想:"哎呀,这都多少年没人来看我了,终于来人了。"就赶紧把田畴请了进来。

汉献帝与田畴聊了一番之后,很开心,心想:"好不容易来个看我的人,要不然我给他个官做吧!"他就跟田畴说了自己的想法。但是田畴拒绝了汉献帝的好意,不久后就回到了幽州。

田畴回来后,发现刘虞的地盘被公孙瓒占据,刘虞也死了。田畴便到刘虞的墓前大哭。这时公孙瓒来了,对田畴说:"你去拜谒皇上,带回来的诏书是不是该给我?毕竟幽州这片地区已经是我的了。"

田畴却说:"皇上的诏书可不是给您的。再说了,这里面有些话,估计您也不想看。"

公孙瓒大怒,把田畴抓了起来。有人劝公孙瓒说:"田畴是个义士,您还是把他放了吧!"公孙瓒无奈,他担心舆论对自己不利,就把田畴放了。

田畴便带着好几百个族人前往徐无山归隐起来。到了徐无山,他首先立下规矩,让人们不能互相侵犯,要和谐相处。在田畴的管理下，徐无山这片地区达到了"夜不闭户，路不拾遗"的境界。人们听说徐无山的美好生活后，纷纷往这里聚集，最后徐无山形成了一个很大的部落群。

我听完故事，感叹道："这田畴真够不容易的，他在徐无山简直是实现了孔子大同世界的理想了，很帅气呀！"说到这里，我转念一想："老师讲的这个故事，与我们刚才讨论的话题好像没什么关系，难不成，老师想说刚才那位同学跟田畴一样都很有威望？"

于是，我问老师说："您到底想说什么呢？"

老师说："你别急，我还没说完呢。徐无山也并非世外之地，这里经常被一个叫乌桓的民族骚扰，田畴憎恨乌桓的侵犯，却又无能为力。但是不久之后，他听说有位军阀要来攻打乌桓了。"

我插话道："曹操！"

老师问我说："你怎么知道的？"

我说："您又忘了？您讲《观沧海》这首诗的时候讲过的。这首诗是曹操北征乌桓后写下的作品。您讲过的东西我可都记得。"

老师点了点头,说:"不错,你说对了。田畴听说曹操要来北征乌桓,就带领手下做好一切准备,激动地等待着曹操的到来。有人问他:'以前也有军阀想让您成为他的手下,您拒绝了人家好几次,现在您怎么就这么激动地要归顺曹操呢?'"

听到这里,我忙问道:"田畴怎么回答的?"

老师笑着说:"田畴没回答,他说那个手下理解不了这里面的深意。"老师转而问我:"你能理解吗?"

我想了想,摇头说:"我还是先继续听故事吧!"

老师笑了笑,接着说:"曹操召见了田畴,并且任他为县令,但田畴拒绝接受。"

我接话道:"这官儿也太小了。"

老师笑了笑说:"你还记得我讲过曹操攻打乌桓非常成功,还杀死了乌桓部落首领蹋顿吗?"

我马上说:"记得记得,您说曹操是抄徐无山的小路攻其不备,出奇兵获胜的。哦,徐无山是田畴和族人居住的山,难道这条路是田畴指引的?"

老师点头说:"你很聪明,这正是田畴的计策!"

我马上问道:"这回田畴立了大功,曹操不会还让他当县令吧?"

老师说:"曹操这回封他为亭侯,封户五百。"

我惊叹道:"哇,曹操可真够意思!"

可是老师却说:"但是田畴依然推辞掉了。"

我不解地问:"这又是为什么呢?"

老师不回答我的问题,继续说道:"后来曹操几次要封赏田畴,田畴全都不要。曹操急了,让儿子曹丕带领一群大臣商量田畴这样的行为到底算有罪还是无罪。"老师可能是发现我沉默了,于是不再继续讲,让我思考。

我从头梳理田畴这个人的事迹,自言自语道:"想当初,刘虞要让他以官员身份出使长安,他也推辞了,可见他从一开始就不喜欢功名,只是为了心中的大义才去拜谒汉献帝。这样说来,他去坟前哭刘虞,也是因为在乱世中,只有刘虞才是符合他心中大义的军阀。田畴带领族人归隐徐无山,是想创造一个理想世界。他憎恨乌桓对民众的骚扰,但是他打不过乌桓,所以他迎接曹操，因为曹操可以帮助他剿灭乌桓。如此说来，田畴是个无私的人，他的所作所为完全不是为了功名利禄，而是为了天下！"

老师笑着说："你可太厉害了，这都被你看透了。"

老师继续感慨道："三国时期是乱世啊！国家动荡不安，做个一方官吏又能如何呢？没准儿还会招来灾难呢！但心中有大义，心中有天下，知道可以做什么，不可以做什么，遇到机会就去做，遇不到机会就先隐居起来。这才是孔子说的'邦有道，不废；邦无道，免于刑戮'啊！"

老师继续说："东晋的陶渊明很是崇拜田畴，专门作了一首《拟古九首·其二》来纪念他。"

辞家夙严驾，当往至无终。
问君今何行？非商复非戎。
闻有田子泰，节义为士雄。
斯人久已死，乡里习其风。
生有高世名，既没传无穷。

不学狂驰子，直在百年中。

陶渊明幻想自己是三国时期的人，有一天离开家，驾着马车去往无终山（即徐无山）拜访田畴。正好田畴要出家门，陶渊明就问他去干什么，田畴说："我既不是去经商，也不是去打仗。"陶渊明说，这位田子泰（田畴，字子泰）是有节义的士中之雄。虽然这个人已经过世了很久，但是无终山一带的人还在习传着他的风气。他活着的时候有高洁的名声，过世后名声也流传了许久。正因为田畴有独立的精神，才不像那个时代里为争名夺利而疯狂的人，只在活着的时候出名。田畴可以名垂千古。

我又想起了老师之前的问题，于是问道："曹丕他们的结论是什么呢？"

老师说："曹丕等人认为不该勉强田畴，该成全他心中的节义。"

我突然明白了老师为什么要讲这个故事，但还是反驳道："老师，刚才那位不想当班委的同学跟田畴没什么可比性吧！田畴的心中有大义，那位同学难道也有这么高的精神境界？"

老师笑着说："其实，我想说的是，我很感慨曹丕的所作所为。曹操让他带人讨论田畴的事儿，肯定是生了田畴的气。曹丕如果顺从曹操的想法，就该给田畴定罪，但是他没有这么做，也是个有独立精神的公子啊！我不知道曹丕是否理解田畴，但是他懂得尊重田畴的选择，不逼迫他，这点比他父亲强啊！后来，曹操仍然不甘心，又派了夏侯惇去说服田畴，结果把田畴惹急了。田畴以死相威胁，此事才算作罢。无论如何，一千八百年前的人都懂得尊重别人的独立想法，我们今天更不该随便给人扣帽子，随便用没有'集体意识'这样的罪名去'绑架'别人，我们要尊重每个人的选择。"

盈视讲吟诵 第四讲

入短韵长（一）

古体诗与近体诗的概念，可能是唐朝人提出来的。唐朝人管那些南北朝时期产生的、讲究格律的诗歌创作风格叫"近体"，因为南北朝时期距离唐朝很近。而且，近体的规则在唐朝不断发展，越来越成熟，所以唐朝人也称近体诗叫今体诗，就是说这是他们唐朝人的诗。而在此之前的那些创作风格，比如《诗经》的风格、楚辞的风格、乐府诗的风格等，统统都叫"古体"。唐朝人不仅作近体诗，他们也会模拟前人，作有古代风格的诗，也就是古体诗。

可见，古体诗的群体很大，类别也很多。笼统地说古体诗怎么吟诵，肯定不行，我们还是要具体问题具体分析。

本集故事讲到了东晋陶渊明的一首诗，《拟古九首·其二》。陶渊明之所以给这组诗起名为"拟古",是因为他要模拟古人的风格作诗。他的时代怎么了?他为什么要模拟古人作诗?

陶渊明作本组诗的时候,东晋王朝很可能已经灭亡,刘裕建立了刘宋王朝。陶渊明此时归隐已久,听到朝代更迭的消息也无力去挽回些什么。在他看来,宋代晋是一种篡位。所以他想起了古代的那些人、那些事,借诗来表现自己对时事的不满。

诗的内容是古代的人与事,那么写作的形式呢?陶渊明也用了古代的风格。在陶渊明的时代之前,有哪些诗歌的风格已经产生了呢?陶渊明是东晋人,晋朝之前是两汉——西汉和东汉。西汉的汉武帝时期出现了乐府诗,当时叫歌诗。这种诗从民间采集而来,经过乐官的调整,最终在宫廷宴会或者大型活动上展示出来。负责采集和整理歌诗的政府部门叫乐府,后来,人们干脆用这个政府部门的名字代替了这种诗的名字,管这些诗叫汉乐府,也就是乐府诗。汉乐府大多数是五言诗,就是一句话五个字的诗。因为这种诗歌来自民间，又要表现天下之事，所以往往有质朴的风格。陶渊明的《拟古九首》也选择了五言诗，模仿了汉乐府古朴的风格。

陶渊明反对阴险狡诈的篡夺，他希望臣子忠心，努力去改变一个时代的弊端，如果改变不了，即便隐退也不能做篡位之事。他的心中有古代仁人志士的忠肝义胆，这也正是他在诗中写田畴拜谒汉献帝的故事的原因。

于是，吟诵这首诗，应该少一些花哨，努力追求平实和直爽。

古体诗吟诵的基本规则是：入短韵长。就是入声字短读，韵字拖长读。

辞家夙严驾，当往至无终。
问君今何行？非商复非戎。
闻有田子泰，节义为士雄。
斯人久已死，乡里习其风。
生有高世名，既没传无穷。

不学狂驰子，直在百年中。

  本首诗押的韵字是发音口型大的字。这些韵部为"ong"的字（"风"在东晋时期或许也是发音口型大的字），读起来爽朗有力，正好可以表现田畴的那份忠勇。吟诵这些韵字的时候，不仅要拖长，还要用力。不要因为拖长而把这些发音口型大的字读得软弱无力，那就辜负了陶渊明押这个韵的初衷，所以拖长要适可而止，要努力吟诵出力量感。

  本首诗的入声字也都用得恰到好处。比如第一句中的"夙"，意思为早。这句话是说，一个人早早地就整理好了自己的行囊，准备远行。为什么要那么早就出发呢？因为心情急迫。本首诗的字面意思有很多种解读，有人说这个早行的人就是陶渊明，他要去见田畴，一个"夙"字可以写出他对田畴的崇拜，想早点见到田畴。还有人说这个早早整理行囊准备远行的人就是田畴，那么这个"夙"字就能很好地表现田畴对于受刘虞之托拜谒汉献帝一事的用心。

本首诗第六句的第一个字"节"也是一个入声字。"节"的意思是气节,用短促有力的声音来读,可以表现那份雄壮的硬气。这正是田畴身上能深深感染陶渊明的东西。

　　第八句中的"习"也是一个入声字,重读这个字,可以体会陶渊明的心意,他希望今人继续向田畴学习,这才是他的终极目标。

　　诗的最后两句,入声字集中出现。陶渊明又用到了"不学"两个入声字,表达他对于东晋时期那些装模作样的浮夸之风的厌恶,并且用"直"与"百"两个入声字来传达他对于"狂驰子"的讽刺和预判——只能流行一时,无法名垂千古。吟诵的时候,短促地重读这几个入声字,我们就可以直观地感受到,陶渊明这首诗为什么要拟古了。

　　你也跟随嘉兴,一起吟诵一遍吧!

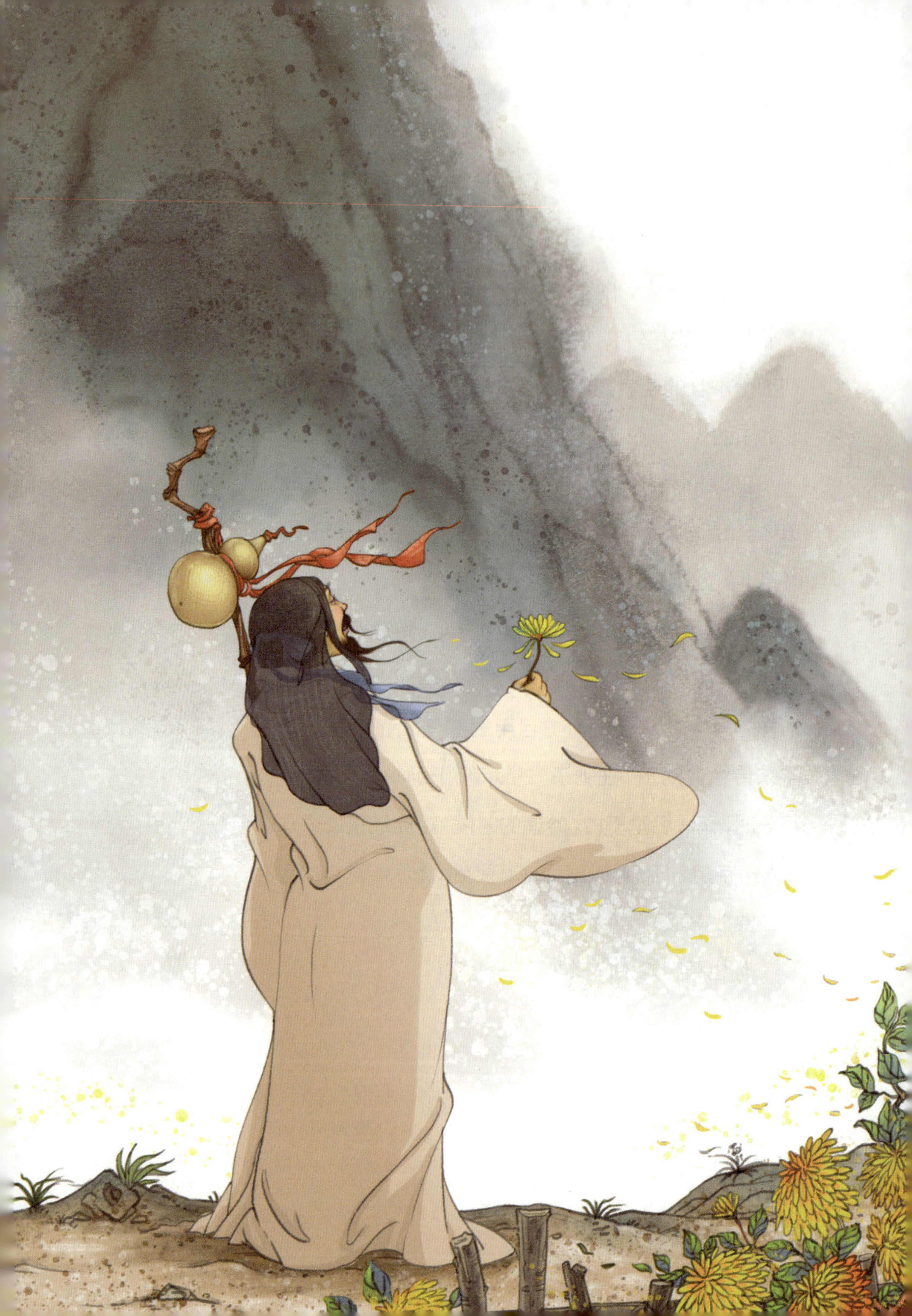

扫描二维码
听嘉兴的声音吧

第五集 一个酒客

你这样的小后生可以在一千多年后理解陶渊明，他若知道了，一定会非常欣慰。

《晋书》,唐房玄龄、褚遂良、许敬宗等编撰,「二十四史」之一,全书主要记述了上起三国时期司马懿早年,下至东晋恭帝元熙二年(公元420年)刘裕废晋帝自立,建立刘宋共约200年的史事,共132卷(因叙例、目录失传,今存130卷)。

《晋书》是一部唐代官修史书,作者共有21人,其内容详尽广博,公正客观、史料丰富、内容详恰、体例完备且有创新。《晋书》有「载记」三十卷,「载记」是记述匈奴、鲜卑、羯、氐、羌等少数民族统治者建立的政权,即「五胡十六国」的史事,这是《晋书》在纪传体史书体例上的一个创新。

——本集人物陶渊明,事迹见于《晋书·卷九十四·隐逸列传》

大家好，欢迎关注我的学习分享。

有一天我问老师："喝酒是好事吗？"

老师笑着说："你怎么想起问这个呢？"

我说："我听爸爸说，酒是辣辣的。可是人们却很喜欢喝酒，这是为什么呢？"

老师笑笑说："咱们一起来讨论一下吧。古代那些文人大多数都喜欢喝酒，作诗的内容往往也离不开酒。"

我问道："最爱喝酒的就是李白了吧？'李白斗酒诗百篇'！"老师说："李白确实非常爱喝酒，但陶渊明对喝酒也十分着迷。"

陶渊明？我想起了他写的《五柳先生传》，讲了一个无名无姓的人的故事。文里说这个无名氏的家旁边有五棵柳树，于是他给自己取名为"五柳先生"。这个人最爱做的事就是喝酒，家里穷得没钱买酒喝，就跑到别人家去喝，喝完了就走，来去自由，也不管人家高兴不高兴。这个人每天做的事情就是喝着酒吟诵诗歌。

我们当时学这篇文章时，都觉得很好笑。

我问老师说："陶渊明写的'五柳先生'是不是就是他自己？您不是说他对喝酒十分着迷吗？"

老师点点头说："很可能就是他自己。他的曾祖父是东晋的大司马，就是主管军队的大将军，名叫陶侃。这陶老爷子的一生相当精彩，他在武昌的时候曾带领官吏和百姓在城门前、军营前和道路两旁广种柳树，人们后来称之为'陶公柳'。陶渊明很崇拜曾祖父，所以'五柳先生'应该就是他这个陶家的后辈。"

我问道："为什么要种柳树呢？"

老师想了想说："关于这个的说法有很多。我觉得主要是为了武昌城的风貌，有现代城市绿化的意思。而且柳树的寓意也不错，因为'柳'与'留'谐音，有珍惜朋友的意思，总之是很雅致的。"

我点点头说："看来陶侃是文武双全啊！"

老师说："可不是嘛，陶侃在东晋做到了很大的官！"

我皱着眉头问："那这样一看，陶渊明有点没出息啊！"

老师笑着看着我说："陶渊明怎么没出息了？"

我马上说："他做过什么了不起的事儿吗？"

老师慢慢说："《晋书》里记载，陶渊明年轻的时候做过江州祭酒。"

我打断老师问道："这个官职大吗？"

老师挠挠头说："这个不好说，据说晋朝的地方官具体管些什么，要看当地最高长官的意愿。地方官如果开心的话，说不定会给你特别大的权力。所以陶渊明的这个官很可能什么都管，比如治安、田租、人口、祭祀等，权力还是很大的。"

"嚯！"我不禁感叹了一下，"当时江州最大的官是刺史吧？那是谁啊？这么有魄力！"

老师说："王羲之的儿子王凝之！"

我点点头说："怪不得，他可是个性情中人啊！雪夜访戴讲的就是他的故事吧！"

老师微微一笑，说道："雪夜访戴的是王徽之，王凝之是王徽之的哥哥。"

我挠挠头，有点不好意思，继续问道："陶渊明的官做得怎么样？"

老师叹了口气说："陶渊明说他忍受不了这样的工作，没做几天就回家了。"

我瞪大眼睛说："啊？"

老师继续说："我估计王凝之也像你这么诧异，觉得可能是任务太多，把陶渊明吓着了。于是王凝之就请陶渊明来做主簿，这个职务就相当于秘书吧！"

我说："这个工作应该轻松多了，陶渊明做得怎么样？"

老师苦笑了一下："他干脆就没去赴任，直接回家种田去了。"

我再次惊讶了，然后马上反应过来："陶渊明的曾祖父是武官，陶渊明想做的是武官！"

老师笑笑说："陶渊明还真做过参军，参军就相当

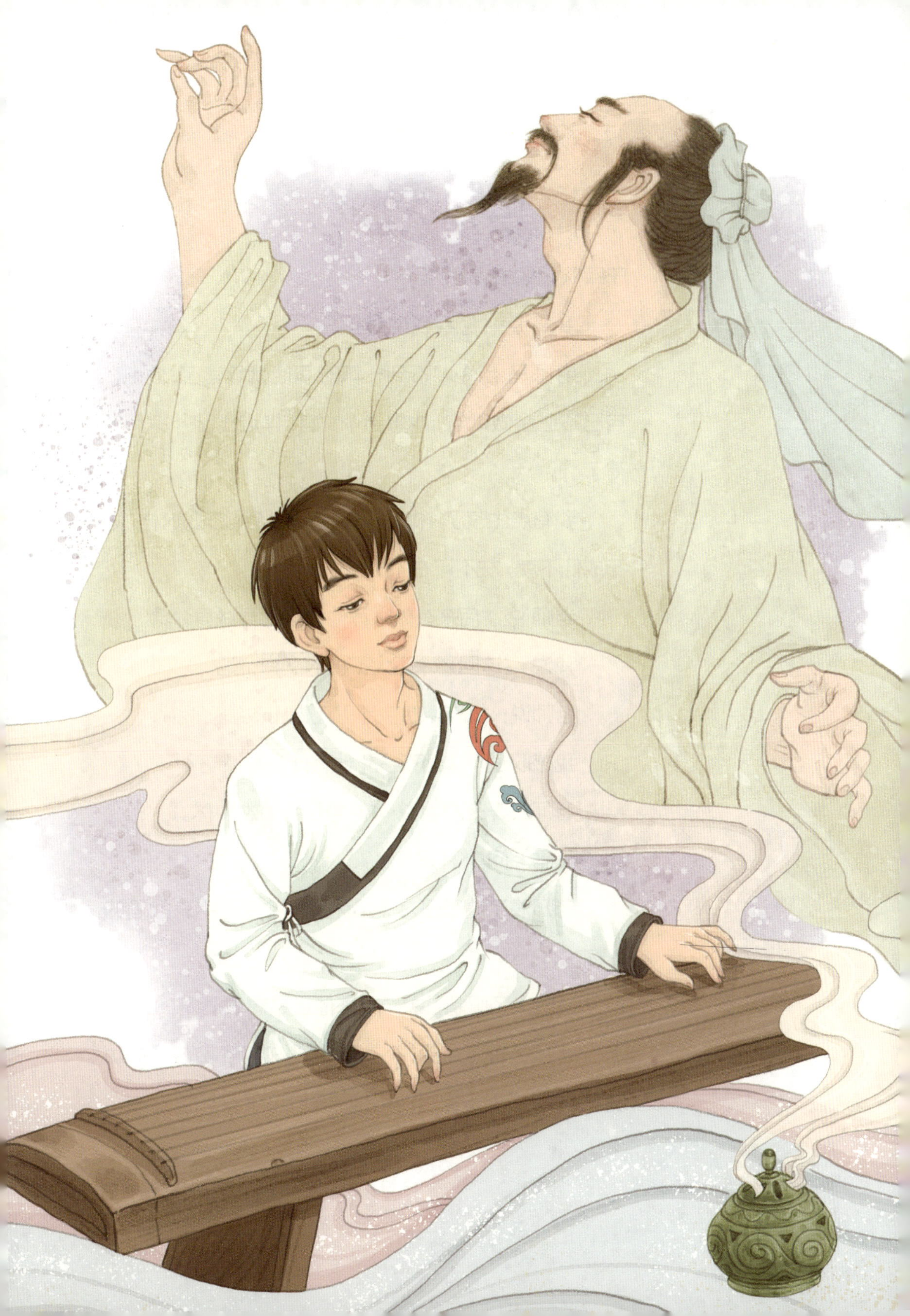

于军队里的参谋吧!"

我笑道:"您看我说对了吧!"

老师马上说:"不到一年时间他就辞官了。他说,自己不适合做武官,他想当个文官,挣点钱贴补家用就得了。"

我有点生气了,说道:"陶渊明这个人怎么这样,高不成低不就,左不可右不成!"

老师说:"后来有人举荐他去彭泽县做县令。"

我说:"这回是个不大不小的文官了吧!"

老师说:"确实,他在那里还做出政绩了呢!"

我感叹道:"真不容易,他有什么政绩啊?"

老师故弄玄虚地说:"他号召老百姓种秫。"

我马上问:"秫是什么?"

老师清了清嗓子,说:"秫是一种专门用来酿酒的谷物。"

我瞪大了眼睛,说:"原来他还是想喝酒啊!"

老师笑着点点头,补充道:"他在妻子和孩子的劝说下,才答应五十亩田种稻谷,五十亩田种秫的。"

我简直无言以对了,问老师:"那这个县令他当了多久?"

老师说:"他当了大概八十天就辞官了!"

老师好像知道我又要发问,马上解释道:"这回是因为他不想接受上级官员的检查,他说'不为五斗米折腰',就是不为了那点微薄的俸禄而对不值得尊敬的人鞠躬行礼的意思。他把官印挂起来,辞官回家了。"

老师好像在等着我的感慨,我却沉默了,老师也低头继续做他的事。过了一会儿,我问老师:"要来检查陶渊明的那位上级官员是个什么样的人?"

老师抬起头,看着我微笑,从他的微笑里我知道自己思考的方向对了。老师停下手里的活儿,说:"那个人是浔阳督邮刘云,督邮就是地方监察官的意思。刘云每到一个地方检查,都要向地方官收取许多好处,如果有人敢不给他,他就会诬陷那人。所以,他每次检查地方官之后,都是满载而归的。"我笑了,看来我想对了,这个上级官员不是好人。

我继续问:"您前面提到陶渊明曾经做过参军,能再细讲一下吗?"

老师说:"这说起来有点复杂。你知道南北朝时期南朝的第一个皇帝刘裕吗?"

我说:"知道啊,就是他灭了东晋。"

老师说:"刘裕在称帝之前,平定了东晋的内乱,陶渊明做的就是他手下的参军。后来,他可能察觉到刘裕想要代晋自立的野心,所以辞官回家了。"

我心下有些了然,但又想起另一件事,于是继续问:"前面说到的王凝之又是个什么样的人呢?"

老师忍不住先笑了,然后说:"蠢材一个。"

我重复道:"蠢材?"

老师说:"是啊,一天到晚浑浑噩噩的,还信了邪教。强盗孙恩来攻打他,他说已经请了神兵,反贼会不攻自破。而且因为孙恩跟他信的是同一个教,他就觉得孙恩不会杀自己,结果被孙恩一刀斩了!"

我顺口说道:"这都什么人啊。"

老师问我:"你把东晋末年这点事儿都问完了,有什么结论了吗?"

我清了清嗓子,说道:"老师,我要是陶渊明,我也不做王凝之手下的官。儒家教育人说,学习是为了道济天下,抚慰苍生。陶渊明是受儒家思想影响长大的,结果,第一个任用他的人就是这么个蠢材,他能甘心吗?当然要找个借口不干了。而刘裕,虽然有本事,但他在东晋末年一步步走上权力舞台,灭掉东晋,这是叛臣所为啊!陶渊明不可能辅佐刘裕做叛逆的事。还有那个刘云,陶渊明绝对不会自降气节,向他行贿。'不为五斗米折腰',真是太有骨气了!"

老师问我说:"你怎么知道陶渊明有抚慰苍生的志向?"

我马上说道:"您还记得陶渊明写田畴的那首诗吗?他感叹再也没有田畴那样的人了。您说他崇拜曾祖父,还有他在《五柳先生传》的结尾提到了无怀氏和葛天氏,这都是上古伟大的帝王,上古可是个安定祥和的时期。可见他的内心多么渴望一个伟大的时代!"

老师感叹道:"你说得真好。陶渊明就这样归隐了,但是理解他的人不多,还有人招他去做著作郎,专门编修国史。"

我打断老师说:"他肯定不去,那个时代怎么写啊,说多了都是泪!"

老师笑笑道:"你说对了,他确实没去。但是只要有人找他喝酒,他都会去,连请客的人是谁他都不管。他还作了一组《饮酒》诗,其中最有名的就是第五首。"

结庐在人境,而无车马喧。
问君何能尔?心远地自偏。
采菊东篱下,悠然见南山。
山气日夕佳,飞鸟相与还。
此中有真意,欲辨已忘言。

陶渊明在诗中说,他在人来人往的地方盖了一个草庐,但却听不到车马的喧闹,为什么呢?因为他志存高远,超凡脱俗,所以觉得所处地方也很僻静。他在东边的篱笆下采菊花,悠闲自在地欣赏南山的美景,看到暮色中雾气萦绕,鸟儿们结伴飞回山林。他心中应该有许多的不甘心和难过，或许还有希望，但是他不想说了，也说不了了，于是说忘记了如何表达。

老师最后问我："现在还剩一个问题，喝酒是好事儿吗？"

我回答说："那我就借用一句刘禹锡的话来回答吧！或许这些文人们都是想'暂凭杯酒长精神'。这样说来，酒是他们最大的慰藉了。"

老师说："对啊，陶渊明有把琴，上面没有琴徽和琴弦，但他却经常在那里抚琴。别人讥笑他，他说，'但得琴中趣，何劳弦上声'。他多么缺少知己啊！你这样的小后生可以在一千多年后理解他，他若知道了，一定会非常欣慰。"

叶视讲吟诵 第五讲

入短韵长（二）

上一讲我们强调了古体诗的吟诵习惯：入短韵长。这一讲，我们再来吟诵一首陶渊明的诗，结合入短韵长的吟诵习惯来体会一下这首诗给我们的感觉。

结庐在人境，而无车马喧。
问君何能尔？心远地自偏。
采菊东篱下，悠然见南山。
山气日夕佳，飞鸟相与还。
此中有真意，欲辨已忘言。

本首诗的韵字是"喧""偏""山""还""言"，这些字的韵母，在今天的普通话发音里依然还是一样的，我们可以写成"an"。发这个音，口型要经历一场从大到小的变化过程，先开口，最终闭口（至少要把上、下牙闭起来）。这样的声音，有一种从大气开阔再到苍凉的感慨。吟诵的时候，拖长韵字才可以很好地感觉这一特征。

本首诗叫《饮酒》，内容却是欣赏山中的开阔景色。韵字的韵母发音，先是开口的声音"a"，这与诗歌内容是符合的。所以，本首诗容易被理解为陶渊明向往田园，喜爱自然。但是，陶渊明表现出来的洒脱的背后有着无尽的凄凉。吟诵的时候，拖长韵字，就会停留在"n"这个发音上，有苍凉之感。陶渊明或许是在享受美景带来的醉意，但也有诸多无奈在其中——若是天下太平，或者有明主器重，自己又何必在这山间与一壶浊酒相伴呢？陶渊明心中是有天下的，他的归隐是被迫的。

本首诗开篇用了一个入声字"结"，可见陶渊明是在一种不平之气中开始创作的——陶渊明选择归隐是有怨言的呀！从第五句开始，入声字集中出现。从字面意思上来看，第五句到第八句描写山中的美景，无论是采一朵菊花,还是看飞鸟相伴而回,都是惬意之事。但如果真是惬意的,又为何有这么多入声字在其中"捣乱"呢?吟诵者能从中感受到顿挫之意,因为陶渊明本身就是难过的。

菊花,或许是因为它的每片花瓣都向内收紧,又或许是因为它在秋日开放,于是给人一种孤单、隐忍、伤怀的感觉。"菊"这个入声字一出,读诗的人可能都会去感慨一下:陶渊明真的仅仅是享受这份惬意吗?这一句又与后面的"悠然见南山"五个字形成了鲜明对比。这五个字中有四个平声字,读起来会比上一句长很多。而"悠然"二字又写出了陶渊明恬淡闲适的心境。

遗憾的是现实已经"日夕"了,这两个入声字暗示了东晋的结局,所以陶渊明也只能如飞鸟一般"还"了。"欲"这个入声字给人一种惊异感觉,陶渊明居然要说出自己的真实心意了。但是他却马上微微一笑,说自己忘掉了。

这或许才是陶渊明的"真意"吧!

古体诗吟诵,除了讲究入短韵长之外,我们还可以根据诗义来进行有层次的吟诵，用高高低低的旋律设计来体现诗文的层次。本首《饮酒》我们就可以用这个吟诵方法去表现。

本首诗适合从第四句开始"起高调"，以体现层次的变化。因为前四句在谈一种归隐的态度——不必去人多处归隐，只要心远离这个世界，哪里都是世外，这是总说。从"采菊"开始进入重点部分，描述也详细了起来。古体诗，往往四句一个层次或者六句一个层次。所以，在这里"起高调"比较合适。

这首诗，嘉兴在本集音频里吟诵了两遍。第二遍吟诵的时候，嘉兴明显已经陶醉其中，他开始用声音去表演了。吟诵的声音跟着陶渊明的心绪在走，嘉兴把最后一句"欲辨已忘言"的腔调甩了上去，来表现陶渊明与这个世界无奈的决裂。

这便是吟诵者对于诗义的深刻理解。

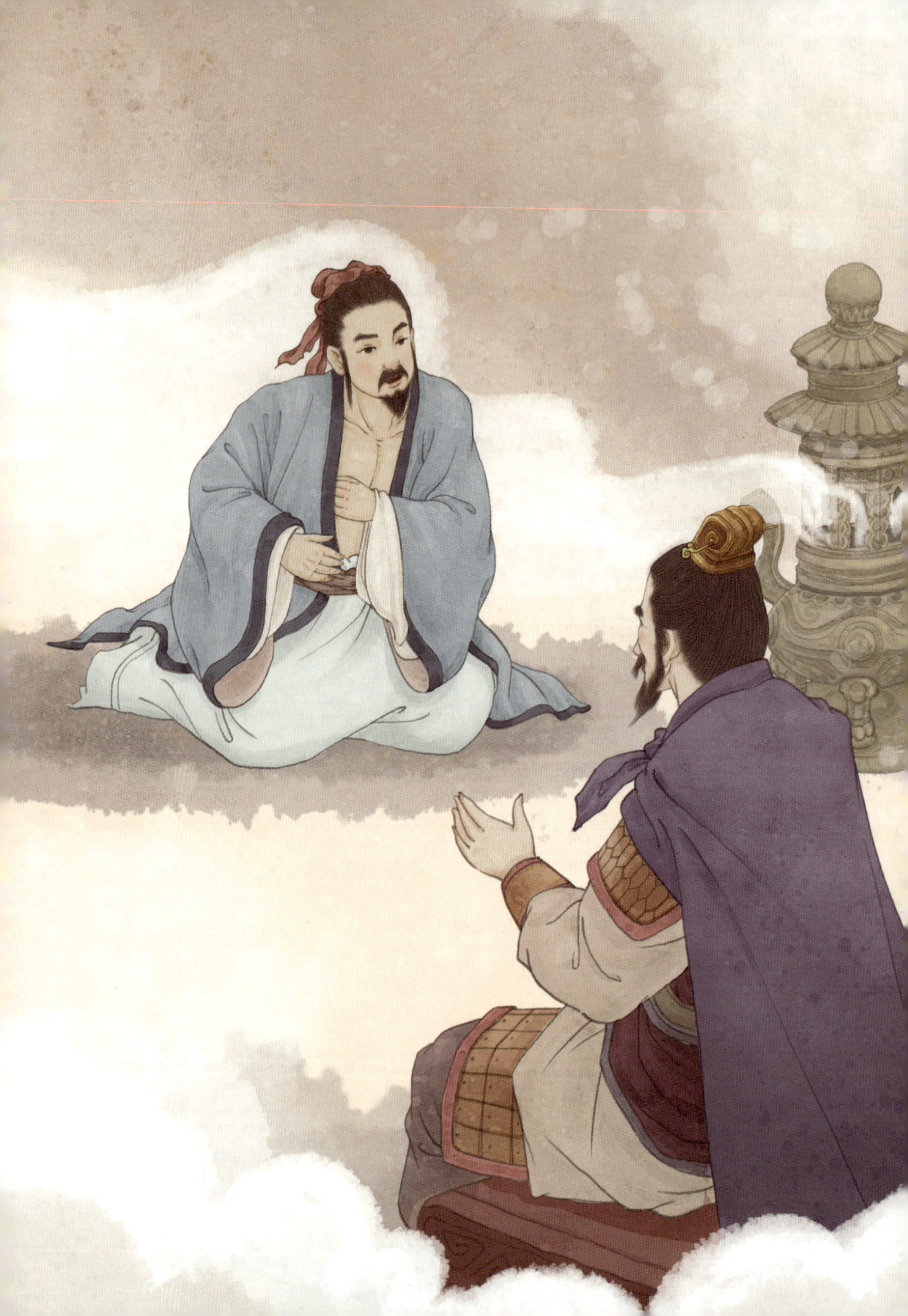

扫描二维码
听嘉兴的声音吧

第六集 一位重臣

在乱世，要不要隐居并没有标准答案。最关键的是，保持一颗实现个人价值并能保护天下苍生的心。

"二十四史"中,《史记》《汉书》《后汉书》《三国志》被称为"前四史",它们均为个人修史,而《晋书》则是第一部官修史书,它保存了丰富的晋代史料。但此书作者众多,且成书迅速,在两年内写成。因此难免出现对史料未仔细甄别、文字质量参差不齐等缺点。此外,在史书中采信神怪故事是中国传统史书的一个共同特点,但《晋书》在此方面更为突出,后世对此多有批评。不过,这种现象是时代的风气所致,两晋时佛、道、玄、儒思想融合交会,互相影响,乱世中政治的黑暗和民生的苦难造成的精神空虚等,产生了这种变异的记载。其实这也是一种真实,是反映当时民众普遍相信宗教、鬼神心态的真实。

学习历史,"史实"重要,"史观"同样重要。如果历史就是一些固定的事实,那无论谁来写,都会写出一样的东西,那么就没有史学存在的必要。所以,历史真正重要的不是事实,而是对事实的解释和探究。了解这一点,会有助于我们对中国传统史书写作的理解。

——本集人物王猛,事迹见于《晋书·卷一百十四·苻坚载记》

· 94 ·

大家好,欢迎关注我的学习分享。

我最近总在想,在东晋那样的乱世,陶渊明的做法是否正确呢?是不是每个文人都应该躲起来呢?

而且我很想知道与东晋对立的北方会是什么样子,如果我是个生活在东晋的文人,我能不能逃离东晋,到北方去呢?带着这个问题,我请教了老师。

老师笑了,说:"如果你在东晋时期生活,你根本不可能到北方去。"

我问:"是因为南北对峙,我会被北方的国家抓起来吗?"

老师说:"你很可能都不知道被哪个国家抓去了。"

我笑道:"反正只有十六个国家,我一个一个猜呗。"

老师也笑道:"谁告诉你只有十六个国家了,这只是北魏人崔鸿的说法,他写了本《十六国春秋》,总结了北方五个民族先后建立的十六个国家,后人就沿用'十六国'这个说法了。其实当时的国家可不止这些,大大小小,前前后后,还有一些割据政权也不知道算不算国家,总之难以统计。"

我惊讶道:"这么乱啊!那我要是个北方人,岂不是经常更换国籍?"

老师说:"如果你是普通人也就算了,如果你是个读书人,那就惨了。"

"会被杀掉?"我问道。

老师摇摇头:"不是有谁要杀你,而是当时很多读书人的梦想都是拯救苍生、教化天下。但在那样的乱世,你到底要追随哪个君主呢?没准儿你刚刚效力于一个政权没多久,那个政权就没了。"

我马上说:"老师,那就哪个政权都不进!"

老师说:"估计王猛一开始也是这么想的吧!"

我马上问:"王猛是谁?"

老师慢慢地说:"王猛是山东青州人,山东青州原本属于东晋,结果羯族人石勒起兵,占领了这个地方,后来他慢慢扩大势力,席卷了周边地区。王猛举家搬迁,为了躲避战乱,到了河北与河南交界的地方。由于家境贫困,王猛只能靠卖簸箕生存。"

"那能卖多少钱啊?"我感叹道。

老师接着讲了下去,他说王猛有一次去洛阳卖簸箕,遇到了一个大买主,要拿很多钱来买簸箕。但是这个人出门时没带够钱,于是就让王猛跟他回家拿钱。王猛一想,簸箕这么便宜的东西,居然有人要花大价钱买,那必须得跟着去拿钱啊!于是就答应了。王猛抱着许多簸箕,跟随这个买主走到一个山里,却突然发现那个买主不见了。王猛环视四周,看到前面不远处有一个老头儿,他的头发和胡须都白了,像个神仙一样,身边还围着十几个人。老头也看见了王猛,于是让身边人走到王猛面前,对他说:"我家主人叫你过去一趟。"王猛点了点头,跟着来人走上前,看清了那个像神仙一样的老人,然后下意识地就拜了拜。这老人却突然开口说:"王先生干吗拜我呀?我才是那个要买你簸箕的人,刚才是我派手下人去集市上请你。"老人说完,就吩咐身边人去拿钱。王猛接过钱,把簸箕给了老人的手下,又感谢了这位老人。老人始终微笑地看着他。最后,王猛带着满心的不解,慢慢地离开了。他只走了几步,一回头,就发现老人和他身边的人都不见了,只有高高的山峰耸立。一切就像一场幻觉,但是手中的钱却是真实存在的。

我听完故事,说:"看来这王猛将来不得了啊,这是遇上神奇的人了,估计他的前途不可限量吧。不过这故事是真的吗?"

老师说:"这故事是记载在《晋书》里的,这部史书中有很多神奇的故事,难辨真假。这些故事很可能是要阐述一个道理,喻示一种精神。"

我挠挠头说:"神奇老人买簸箕,这故事是要喻示什么呢?"

老师说:"赏识。王猛落魄到那步田地,居然还有人赏识他。这说明他将来肯定大有作为。而且,正是因为有人赏识他,他才不会消沉啊!王猛在少年时,一定受到过激励,才会在贫困的生活条件下,依然胸怀大志，认真学习。只不过，或许写史书的人也不知道激励王猛的人是谁，所以用一个神话故事来解释王猛为何能度过艰难的岁月。王猛饱读诗书，长大后很有见识，当时有一些只知道夸夸其谈的人，王猛根本不与他们为伍。后赵的官员来征招王猛做官，他都委婉地拒绝了。后来，王猛躲到了华阴山。"

我拍了一下手说："我知道了，他在等待东晋的人征招他！"

老师微微一笑，不置可否，继续说："东晋确实来人了。在王猛二十五岁那一年，东晋的大将军桓温带兵北伐，一直打到了长安城的附近，驻军在那里……"

我不好意思地打断了老师："老师，我先问个问题，长安城当时是处于哪个政权的管辖下啊？"

老师回答说："前秦，氐族人建立的政权。当时的首领是苻健。"

我继续问："他是不是很厉害？"

老师说："应该不怎么厉害，桓温已经打败了他。"

"那桓温为什么在长安附近驻军，不直接打进城去呢？"我大声地问。

"你问得好。"老师肯定了我的问题，然后继续说，"王猛在此时主动到桓温的大营中见他了。"

"您看我说对了吧！"我马上应道。

老师说："别着急，他们相见的画风估计跟你想得不一样。首先王猛穿得很破，而且很多天没洗澡，身上都长虱子了。他一边跟桓温聊天，一边在身上找虱子，还当着桓温的面将找到的虱子一个个挤死。"

"挤虱子？"我实在难以想象那个尴尬的画面，继续问道，"人家东晋大将军一句句跟他交流，他一下下挤虱子？他到底想不想去东晋当官啊？如果不想的话，他又何必来见桓温呢？"

我想了想，又换了个问题问老师："王猛跟桓温谈了些什么呀？"

老师说："他问了你刚才问我的问题，桓温为什么不进军长安。"

我赶紧问："桓温怎么回答的？"

老师说："不等桓温回答，王猛就把自己的推断说了出来。他说，桓温心中有鬼！"

"心中有鬼？"我不解道。

老师问我："如果桓温收复了长安，那长安归谁？"

我说："归东晋啊！"

老师冷笑道："这就是了，王猛推断桓温根本不是来为东晋收复失地的。他就是想扩大自己的声望，为他在东晋篡位做好准备。"

"哦，他要篡位啊，怪不得他不进军呢！"我说。

老师点点头说："桓温在长安城外接见了许多像王猛一样的著名人士，就是想看看他们是否支持自己篡位。"

"我估计不会，人家在北方那么久了，希望天下统一，怎么会支持他这种自私的想法？"我说完这话，老师表扬我说："你说得对，所以桓温退军了。"

"这么好的机会还退军，不收复长安了吗？"我不禁大呼了出来，然后生气地说，"这东晋也太乱了，我要是王猛，哪方政权对苍生有利就支持哪方！北方哪个政权稍微好点？"

老师继续说:"那就是前秦了。不过苻健死后,他的儿子苻生滥杀无辜,是个大魔王一样的人。"

我说:"得,王猛接着归隐吧!"

老师说:"不过,氐族皇室有个人叫苻坚,从小就学习汉族文化,还请了能教汉族文化的老师。他是个汉化了的氐族领袖。"

我想了想说:"不知道王猛愿不愿意辅佐苻坚,我觉得他俩能成为一对很好的君臣。"

老师问我说:"你要是王猛,你会不会认可苻坚?"

我说:"当然认可,我觉得他比桓温好多了。"

老师说:"王猛此时正在前秦的尚书吕婆楼家做门客呢!吕婆楼就把王猛介绍给苻坚了。苻坚一开始就对王猛委以重任。而王猛一上任,就把一个作恶多端的氐族官员给处死了。"

我感叹道:"这又是一个董宣啊!"

老师说:"可是苻坚对王猛的做法很不理解,他问王猛,儒家都是以仁治天下的,你怎么能用暴力呢?"

我接过话来说:"老师,我觉得孔子的思想也不是一味地讲仁德,而是该如何就如何。如果前秦已经是奸吏横行了,就该用强硬的方法先惩恶扬善,改变社会风气。"

老师表扬了我,说:"你太厉害了,王猛大概就是这个意思。这是真儒士,不虚伪,懂得视情况而为。"

我突然有点担心,说:"不过,王猛不会遭前秦贵族的恨吗?"

老师赶紧说:"你还真说对了。有个贵族叫樊世,他无法无天,胡作非为,叫嚣着要把王猛的头砍下来。后来,他在朝堂上与王猛对峙,苻坚下令杀了他。"

我惊道:"苻坚很有决断!不过,打击贵族后,前秦的社会风气是否好转了呢?"

老师说:"确实好转了,甚至到了'夜不闭户,路不拾遗'的状态。"

我赞道:"这王猛治国真有两下子。"

老师又说:"不仅如此,王猛还是个大将军呢!他带领前秦的军队几乎统一了北方,匈奴、鲜卑、乌桓、羌族都臣服于前秦了。如果天下有十分的话,前秦已占了七分。"

我简直瞠目结舌，说："他也太厉害了吧！"

老师说："王猛的梦想就是统一北方，再统一全国。可惜，他没有活到那个时候。"

我叹息道："王猛有没有留下什么遗言？"

老师也感叹道："王猛临死前劝苻坚千万不要

攻打东晋,因为东晋皇帝此时已经有很厉害的大臣辅佐了。但苻坚此时已到晚年,他开始骄傲起来。"

我打断道:"那个厉害的大臣是谁?"

老师说:"谢安。"

我想起来了,说:"哦,我知道了。苻坚后来跟东晋在淝水开战,东晋的将领就是谢安的子侄们。结果苻坚大败,跑到山上,看到草木都以为是东晋的追兵,听到风声鹤唳都以为是东晋士兵的呐喊。"

老师笑了,说:"你真棒,这就把所学的知识都联系起来了。"

我说:"怪不得苻坚会败得那么惨,谁让他不听王猛的呀!这些情况王猛都料到了。"

军门被褐异隆中,抱策归秦竟事戎。
犹喜遗言真有识,不教胡马向江东。

这是元末明初的文人高启写的《读史十首·王猛》。诗中说王猛曾到桓温的军门中拜访,但却穿着破旧的衣服，这与刘备隆中遇到诸葛亮可不一样。他是一介书生，但是投奔了前秦后竟然也能带军在前线打仗。他的遗言相当有见识，不让胡人的军队去攻打江东的东晋。

吟诵完这首老师推荐的诗，我问："高启究竟是什么意思呢？难道他想说，王猛虽然在前秦当官，但心里想的还是东晋，所以表扬王猛的遗言很有见识，不让苻坚攻打东晋吗？"

老师摇摇头说："我个人认为这首诗的第一句很重要，高启先把王猛扪虱的故事拿出来说，就是想表扬王猛是择主而事的。要知道桓温到长安的时候，很多人可是夹道欢迎的，王猛却没有这么做，而是把桓温嘲讽了一顿，可见他很有慧眼。然后，高启写了王猛投奔前秦的事。你刚才不是一直问我，王猛之前不做官，是不是在等东晋的人来招募他吗？我觉得不是，如果是的话，他就会跟桓温走了。"

我接过老师的话说："看来王猛一直不做官，是在等待真正有见识的君主。苻坚就是个好君主。"

老师点点头。我继续问:"可是王猛不让苻坚攻打江东,是不是也想保护东晋?"

老师摇摇头说:"我觉得是在保护前秦。苻坚决定攻打东晋的时候,他的弟弟、儿子还有满朝文武都极力反对,苻坚的弟弟甚至又提起了王猛的遗言。难道说这些人都是想保护东晋吗?所以高启说王猛的遗言是'有识'的,评价得很准确。"

我想了想,明白了很多。陶渊明并没有王猛那么幸运,他没有遇到真正赏识自己才能的人,所以只能借酒消愁。但是王猛遇到了,于是就尽心辅佐苻坚,临死也不忘叮嘱他,以保护前秦。

老师最后对我说:"在乱世,要不要隐居并没有标准答案。最关键的是,保持一颗实现个人价值并能保护天下苍生的心。"

影视讲吟诵 第六讲

尾音悠扬

在本集故事中，嘉兴吟诵了一首明代高启的诗《读史十首·王猛》，这首诗是一首近体诗。

我在《读书有次第》一书的第十六讲，提到了近体诗吟诵讲究平长仄短；在本书第三讲提到近体诗创作的平起、仄起两种声音安排。我们用已有的知识来分析一下这首诗。

军门被褐异隆中，抱策归秦竟事戎。
犹喜遗言真有识，不教胡马向江东。

本首诗第一句的第二个字是平声，可见这是一首平起的诗歌。平起诗歌第一句的第二个字和第四个字在一般情况下都是平声，关键点的平声要拖长来吟诵，而且本首诗的第一句就押韵（首句可押韵可不押韵），所以这一句读起来就比较长。

这一句所讲的故事还真是抓住了王猛的特点，那种放荡不羁确实与隆中的诸葛亮的稳重很不一样。所以吟诵这一句的时候，可以好好玩味，想象王猛"扪虱"的样子。

第二句中的"策"是入声字，短促有力的声音似乎在向我们传达一个想法：终于有人赏识王猛了。拖长读"秦"字则多少让人感到有一些无奈，因为这里的秦指的是前秦，不是当时的主流政权。"秦"字后面有个"竟"字，"竟"是个去声字，读起来重重的，像是高启在感慨这么有本事的人怎么会归顺前秦的军队呢？

这样，下句的"犹喜"二字就说得通了，高启将无奈的感情一转，说起了还算让人欣喜的事，那就是王猛的遗言。高启将"言"字放在了诗歌第三句第四个字的位置，这个位置的平声拖长来读，更能凸显高启在强调些什么了。这句的结尾,高启还用了个入声字"识"来评价王猛的遗言,吟诵到这一句的时候,结尾一定要收住,用顿挫的声音来表现高启对王猛遗言的赞赏。

本诗的最后一句,高启终于说出了他赞赏王猛的内容。这句话明显改编自王昌龄《出塞》中的那句"不教胡马度阴山"。"教"在这里读平声,需要拖长读;"江东"二字,一个是关键点的平声字,一个是韵字,两个字都要拖长读。高启为何赞赏王猛就很明确了,他认为王猛临终前不让苻坚攻打江东是很有远见的。

此外,我们吟诵本首诗的时候,仅仅做到平长仄短是不够的,最好还能玩味一下某些字的字音,努力去体会高启的感慨。

如何玩味呢?本首诗押的韵,在"平水韵"里是"一东韵"。一东韵虽然是开口韵,但是或许在中古时期它的发音还要经过一个闭口音"i"才能完成(与普通话的读音有所不同),所以给人感觉在开朗、大气的声音里还带着一点遗憾和心酸。比如我们前面提到的

《出塞》，还有耳熟能详的李清照的《夏日绝句》等。

一东韵的字，在吟诵时，不仅仅是用开口的爽朗声音表达就可以了，最好还能将嘴唇闭上一点，用"甩腔"让字尾的声音悠扬飘荡起来，在这种声音里感受作者的用意，传达吟诵者对于文本的理解。但是，如果每个字都用这个办法处理字尾的声音，则显得有点做作，表现得过头了。于是嘉兴吟诵的时候只在韵字上做了"甩腔"的处理。

大家可以再仔细听听嘉兴的吟诵，跟着他一起学学怎么表现这种尾音的悠扬吧！

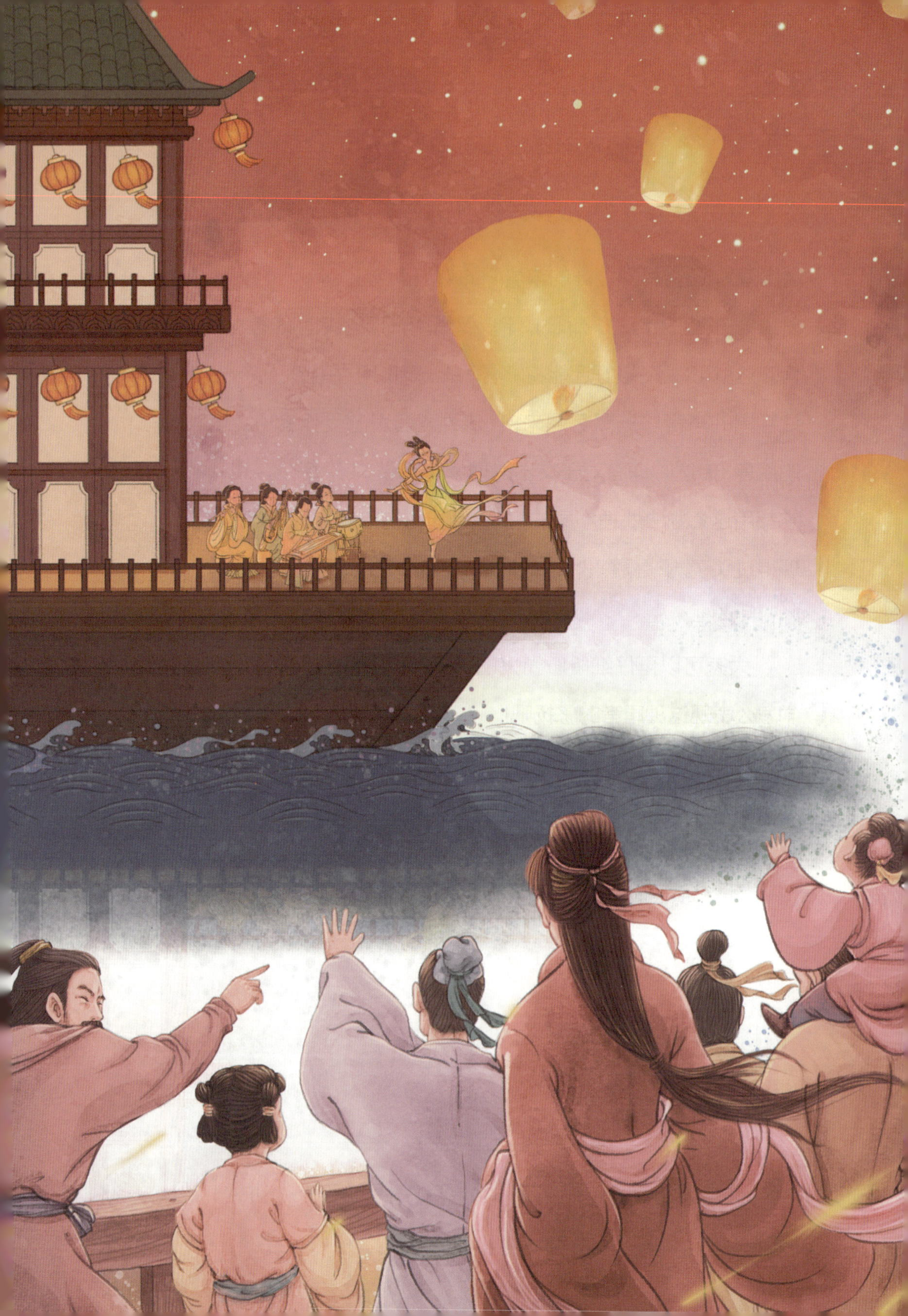

扫描二维码
听嘉兴的声音吧

第七集 一个富豪

一个人是否值得称赞，与他是否富贵没有任何关系，关键要看他是怎样得到的财富，以及是否做了自己该做的事。

《梁书》，唐姚思廉撰，「二十四史」之一。全书主要记述了南朝梁代(公元502—557年)50余年的史事，共56卷。

《梁书》体例包含本纪、列传，无表、无志。清代学者赵翼称赞《梁书》对历史的表述「行墨最简，文字爽劲」。

《南史》，唐李延寿著，「二十四史」之一，全书主要记述了上起宋武帝刘裕永初元年(公元420年)下至陈后主祯明三年(公元589年)共170年的史事，记载了南朝宋、齐、梁、陈四国，共80卷，与《北史》为姊妹篇。

《南史》文字简明，事增文省，体例有本纪和列传，无表、无志。

——本集人物羊侃，事迹见于《梁书·卷三十九·羊侃列传》《南史·卷六十三·羊侃列传》

大家好，欢迎关注我的学习分享。

有一天，我正在准备一场演讲，演讲的主题是"谈奢侈"。我就问老师，能不能给我讲一些生活特别奢侈的古代人的故事。老师看着我，先是一笑，然后说："古代有个人，在并排的两条船上横贯着盖了个房子，让乐师和歌姬在这房子里奏乐、跳舞，这两条船在涨潮的时候顺着江水漂荡，歌声和乐声传到两岸上，岸边挤满了观看的人。"

我惊讶道："这人是谁啊？"

老师说："南朝时期，梁朝的衡州刺史。"

我赶紧记录下来，一边记一边说，这个故事好，正好符合我的观点。这种做官的人，不知道体恤百姓、为国家分忧，就知道自己享乐。梁朝后来灭亡，正是因为有这样的官员啊！记录完后，我说："老师，这位衡州刺史的下场怎么样啊？"

老师对我的观点不置可否，继续回答我的问题："他死在建康城，就是梁朝的首都。"

我接着问："他怎么死的？"

老师说："敌军打来了。"

我说："我猜猜，会不会是有个昏庸的皇帝派他守城，他无力抵抗，屈辱而死？"

老师说："的确如此，让你猜对了。"我很开心，因为我给自己的观点找到了很好的材料来支撑。

我觉得演讲稿的内容构思已经完成，但又想多了解一些细节，于是问："老师，他为什么这么有钱？是不是因为他的父辈做官？"

老师说："没错，他家几代都是大官。他的先祖是东汉末年的南阳太守羊续，当时府衙里的副官送给羊续两条鱼，羊续坚决不收，将这两条鱼挂在庭院里表示拒绝，所以人们称他为'悬鱼太守'。他的爷爷羊规，是南朝第一个皇帝刘裕的大中正，也是高级官员。但后来王朝起了内讧，乱成一锅粥，羊规不得已归顺了北魏。"

我接过话来说:"看来这个奢侈的人的祖辈都是不错的人。您不是说了,魏晋南北朝时期,是民族融合的时期,那个时候的人无论在哪个王朝做官,都不能算是投敌卖国,只要是心怀人民的、为社会做贡献的,就都是好官。那么羊规投奔北魏也不能算错。"

老师表扬了我,说:"你说得对。羊规在北魏官至营州刺史,很有功绩。他的儿子羊祉在北魏也当了高官,做得也很不错。"

我叹气道:"唉,羊家几代的美好就毁在一个不肖子孙身上了。"

老师说:"你这话跟北魏的皇帝说的一样。"

我突然想起一件事来,问老师:"对了,这个人到底叫羊什么呀?"

老师清了清嗓子,说:"这个人叫羊侃,据说他有一米八几那么高,人长得特别帅。"

我道:"这就是典型的'高富帅'呀!"

老师说:"他特别爱学习,喜欢文学和历史,《左传》《孙子兵法》《吴起兵法》都是他爱看的书。"

这有点出乎我的意料，但一想到他生活作风那么奢侈，就继续问："那他看了也是白看吧？"

老师摇摇头，说："他特别有能力，当时北魏有个羌人在甘肃天水造反，派自己的弟弟带兵攻打长安。北魏派大将军前去讨伐，羊侃因为年轻，只在军中做了个偏将，但他藏在壕坑里，伺机射死了那位羌人的弟弟，叛军随即溃散！经此一役，北魏的皇帝封他做了侯爷。"

这更让人意外了，我不禁问道："北魏的皇帝不是说他毁了先祖的名声吗？"

老师笑道："北魏皇帝说什么就是什么呀？你还记得我刚才说，羊规本是南朝的官员吗？其实呀，这羊家是山东泰山人，他们是不得已才来到北朝做官的，羊规、羊祉都有南归的想法。而且，南朝宋的混乱局面当时已经结束，取而代之的是梁朝了。梁朝的梁武帝展现了自己的雄才大略，而一个伟大的王朝，是会让那些不得已离开的人想要回归的。羊祉在临死前就跟儿子说他想回到南朝去。羊侃牢记着父亲的遗愿，却一直没有找到离开北魏的理由。后来，北魏有一个叫尔朱荣的高官上位了，他以各种借口控制朝廷，杀害王公大臣。于是，羊侃决定带领他所在地区的百姓和士兵归顺梁朝。"

我打断老师说："那他的做法就不是毁了先祖名声，而应该算是尽孝吧！而且是北魏自己先乱了呀！孔子说了，危邦不入，乱邦不居。再说了，他一个汉人回归南朝，没什么可以指责的。当然，北魏很生气也可以理解。"

老师说："甭说北魏皇帝很生气了，连他哥哥羊敦都很生气，带兵和他对抗。但是羊侃很坚决，一定要回到梁朝。"

我问道："梁朝那边听到消息没有动静吗？"

老师说："当然有动静了，梁武帝答应给羊侃奖赏，还派人去接应他。"

我突然对羊侃有了好感，但一转念，又道："他不会是想要高官厚禄，在北魏混不下去了就去南梁吧？"

老师不回答我，继续说："北魏可不想放了羊侃，皇帝派人对羊侃说,封他为骠骑大将军,并且永远做兖州刺史。"

我自言自语道:"对于一个喜欢奢侈生活的人来说,这已经很不错了。羊侃怎么说?"

老师回答说:"羊侃斩了北魏的来使。"

"啊?"我惊讶道,"斩了?那北魏还不得恼羞成怒地派兵来?"

老师点点头说:"可不是嘛!羊侃且战且退,到了南梁边境的时候只剩下不到一万兵马了。"

我打断老师问道:"这些士兵是北方人还是南方人?羊侃凭什么因为自己想去南方,就带着人家也去南方?"

老师笑着说:"问得好!羊侃对士兵们说,可以不跟他去南方,就此分别,最后他只带了一些自愿跟随他的亲兵到南方去了。"

听到这里,羊侃的形象在我心中高大了起来。这是一个有独立精神的人呀!但是他怎么会变成一个喜欢奢侈生活的人呢?

于是我问老师:"羊侃是不是到了南方就过起了安逸的生活?"

老师点点头说:"羊侃出身于富豪之家,从小过着优越的生活。无论是在北方还是在南方,羊侃的身边都是歌姬成群的。你知道为什么如今人们弹古筝的时候喜欢在手指上戴假指甲吗?这就是羊侃家的乐师发明的。最早的假指甲是用鹿角做的,这样弹起古筝来声音大,并且很好听。还有,你听过两个词牌名《采莲》和《棹歌》吗?这两首曲子都是羊侃创作的,他作完了新曲子就让歌姬排练歌舞。《南史》中说他'穷极奢靡'。"

听完,我再度反感起羊侃来,对老师说:"您刚才不是说他是因为抵御叛军而死的吗?他要是把精力花在抵御叛军上,不贪图享乐,也不至于如此。"

老师说:"谁说他没有把精

力花在抵御叛军上？梁朝有个人叫侯景，就是他作乱才毁了梁朝。羊侃早就看出侯景有反叛的迹象，他给朝廷献了一个计策，派兵驻扎在侯景所在之地的前后，看紧了侯景，使他不敢轻举妄动。但是朝廷觉得侯景没有叛乱的实力，是羊侃过于小心了。于是，朝廷把羊侃调回首都建康做了个副手。没过多久，侯景直接打到了建康城下，羊侃加固城防，坚决不主动出击。因为侯景是远道而来，只要朝廷做好防守，侯景自会败退。果然，侯景等不及了。"

我不禁生气道："梁朝的君臣实在太自负了吧，一开始怎么不听羊侃的？"

老师笑道："你现在站在羊侃这一边啦？"

我挠挠头，问老师："您快说说后来怎么样了。"

老师回答道："后来侯景抓到了羊侃的长子羊鷟，他大摇大摆地押着羊鷟来到建康城下，企图用这个方式来威胁羊侃出击。羊侃说：'即使倾尽所有的东西来报效我的国家，忠于我的国君，我都还觉得不够，怎么会为了我儿子个人的安危而放弃守城呢？你要是杀了我儿子，那他就算报效国家了！'没能顺利激怒羊侃，侯景铩羽而归。过了一段时间，侯景又带着羊鷟来了，他认为羊侃不会那么狠心，所以准备再威胁一下羊侃。但是羊侃这次却对羊鷟说：'我还以为你早已被杀死了，原来你还活着啊？我为国家倾尽了所有，誓死在这里保卫国家的城池，不能因为你的生死来考虑进退。'说完这话，他就拉开弓准备射死自己的儿子。侯景的手下都被这段话震撼了，他们认为羊侃是一个极其忠义的人，便饶了羊鷟一命。后来，侯景又派说客见羊侃，羊侃细数了侯景的罪过，连那说客都对羊侃崇拜不已，以礼拜别而去。在羊侃病故后，侯景的大军才打进了建康城。"

我感慨道："羊侃这是因心力交瘁而死啊！"

老师问我："你现在还对羊侃有不好的印象吗？"

我沉默了。确实，羊侃的形象在我心中逐渐高大起来。他的所得有些是继承的，有些则是通过自己的努力得来的，并非压榨百姓，也并非偷与抢。他满足了个人的欲望，作为儿子很孝顺，也尽职尽责地做好了国家的武将忠臣。

老师见我不说话，便追问道："怎么不说话啦？"

我说："我想到了两则《论语》。"

老师笑道："哪两则？吟诵给我听吧！"

子贡曰："贫而无谄，富而无骄，何如？"
子曰："可也。未若贫而乐，富而好礼者也。"

子曰："富与贵，是人之所欲也，不以其道得之，不处也。"

第一则选文是孔子的学生子贡与孔子的对话。子贡说："贫穷而不谄媚，富贵而不骄傲，怎么样？"孔子说："可以。但还是不如虽贫穷却乐于道，虽富有却懂礼。" 第二则选文是孔子对贫穷和富贵的阐述。孔子说："富贵是每个人都希望拥有的，但如果不用正确的方法得到，则不应该拥有。"

老师听完了我的吟诵，说："看来你已经了解羊侃啦！"在老师看来，一个人是否值得称赞，与他是否富贵没有任何关系，关键要看他是怎样得到的财富，以及是否做了自己该做的事。

老师说:"现在有些人有仇富心理,只要看到别人有钱,就开始诋毁人家。还有一些人认为,只要过富足奢华的生活,就一定会坏了心性。这些人自诩很懂国学,但其实他们这种观点都是错误的。清心寡欲也好,奢华享受也罢,都是一个人的私人爱好,不应该通过这些爱好去武断地判断一个人。"

我叹了口气说:"我明白倒是明白了,但我演讲的材料要重新找了。"

老师说:"你为什么不把演讲的主题换一换呢?"

我恍然大悟。

盈视讲吟诵 第七讲

入短虚长

《读书有次第》一书中,"盈视讲吟诵"的前十讲都在谈文言文吟诵的话题。简单来说,文言文吟诵的基本方法应该是入声短读和虚字重长。

入声字的发音原本就是短促的,只是如今普通话中没有了入声,所以我们不了解。但是只要诗文中出现入声字,我们就可以认为是作者特意用这个短促的发音来强调内容。所以,当吟诵到入声字的时候,我们要注意体现这种短促的发音,甚至可以停顿一下,以此来感受诗文的意思。

子贡曰:"贫而无谄,富而无骄,何如?"
子曰:"可也。未若贫而乐,富而好礼者也。"

子曰："富与贵，是人之所欲也，不以其道得之，不处也。"

上面这一段文字中的入声字有"曰""若""乐""欲""不"。我们在《读书有次第》的第一讲里提到过"曰"字的意思，这里就不重复了。我们来看这个"若"字，在这里它作"如"讲，那么为什么不干脆就用"如"字呢？

《论语》这本书应该是孔子的弟子们集思广益编撰出来的。我们有理由相信，弟子们为了更好地表达老师的意思，在字与词的使用上做了谨慎的安排。《论语》是诵读本，也就是说，这本书不仅仅是用来看的，还需要读出声音，只有大声诵读才能体会其中的深意。所以，编撰《论语》的人会根据想要传达的意思来调整某些虚字和入声字的使用。现在我们就能明白为什么不用"如"了，因为它是平声字，读起来绵延悠长，没有强调的意味。"若"是入声字，读起来短促有力。子贡的发言里没有入声字，一到孔子说话，马上出现一个入声字,吟诵者读到这里的时候,不仅会明显感觉到前后的不同,也能体会出夫子的话更高深一些,读着读着就肃然起敬。也就是说,孔子当年和子贡聊天的时候用的是哪个字,已经不重要了,关键是要去体会弟子们编撰《论语》时特意使用入声字的目的。

第二则选文里的"欲"是入声字,读到这里也应该顿一下,感受夫子对于"富与贵"的认可。后面用了两个"不"字,这叫双重否定句。双重否定表示肯定,在语法上本来就有强调的意思。在读这句话的时候,将入声字表现得明显一些,夫子要强调的内容就很清楚了。

我们再来看虚字的使用。"而"表示前后的关联,读起来要拖得长长的。没有这个"而",不影响句意的表达。但是有了"而",当我们在诵读的时候拖长它,就可以感受到:贫穷似乎容易让人丧失志气,但是如果还能"无谄",那就是拥有了优秀品质。同样,富有很容易让人产生骄傲的情绪,但是如果还能"无骄",那就很让人敬佩。

有个小故事,说欧阳修给人写了篇文章,都已经差人送出去了，却又再派人追回，就是要在写好的文章里加入两个"而"字。可见"而"在表情达意上的重要性。我们可以想象，在《论语》的成书过程中，弟子们特意使用了"而"字。

"也"也是一个虚字，在此句中表示判定，《读书有次第》的第五讲已经讲过了它的用法和读法。"也"往往在结尾出现，像是给这一句的观点做个断定一样，所以可以读得比别的字都长一些，以表示那种深深的肯定。我们可以发现，子贡的话里就没有"也"，可见这个弟子在孔子面前不敢把话说得太满。而孔子的话总是以"也"作为结尾，可见编撰《论语》的人有很明显的价值观引导。

你也跟随嘉兴，吟诵一下这两则《论语》吧！

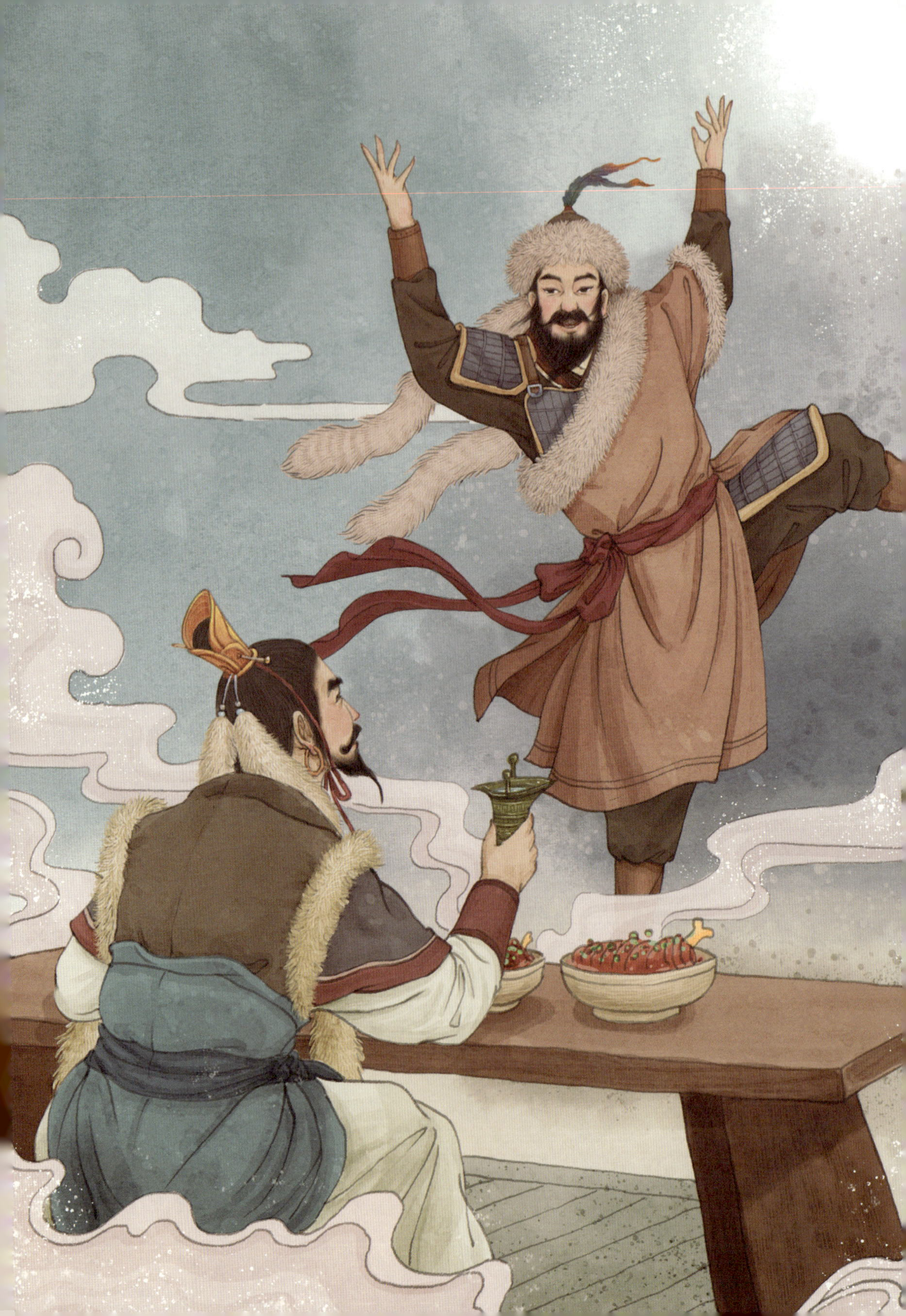

扫描二维码
听嘉兴的声音吧

第八集

一心天下

自古以来，一名好官员都应该心里有国家，心里有苍生。学而优则仕，但不仅仅是因为学而优才仕。

《北齐书》，唐李百药著，『二十四史』之一。全书主要记述了从高欢起兵到北齐灭亡前后约80年的历史，共50卷。南宋时，《北齐书》仅剩一卷帝纪、16卷列传为李百药原著，其余各卷都是后人根据唐李延寿所撰《北史》抄补修成的。

《北齐书》叙事齐备，下笔不苟，唐代学者刘知幾评价其『巨细毕书，洪纤备录』。

《北史》，唐李延寿著，『二十四史』之一。全书主要记述了上起北魏登国元年（公元386年）到隋义宁二年（公元618年）共233年的史事，记载北魏、东魏、西魏、北齐、北周、隋六代，共100卷。与《南史》为姊妹篇。

《北史》体例完整、材料充实，宋司马光称赞其『叙事简劲，比于南北正史，无繁冗、芜秽之辞』。

——本集人物斛律金，事迹见于《北齐书·卷十七·斛律金列传》《北史·卷五十四·斛律金列传》

大家好，欢迎关注我的学习分享。

我最近一直在准备参加学生会竞选的演讲稿，稿子里介绍了我的学习情况及获得的奖项。我把写好的稿子拿给老师看，请他提提意见。老师看完，把它合上，想了想，然后问我说："学生会是干什么的？"我先是一怔，心说："老师这是考我呢！"

我清了清嗓子说："学生会主要是代表学生提出对学校建设的建议，并维护学生的权益！"我对我这官方味的回答很是满意。

老师看着我，表示赞许地点点头，然后说："那难道只有学习成绩好、得过奖的人才能代表学生吗？"

我愣了一下，马上反驳道："当然不是，可是成绩和奖项确实可以证明这个人是否优秀。"

老师马上接过我的话说:"关键看学生会要的是哪种优秀。"

我静了下来,想了一小会儿,说:"学生会要求的是能代表学生,心里有同学们的权益的这种优秀。"

老师点点头说:"这回你说对了。所以,你的竞选稿子里至少应该说说你在学生会的工作方向,你对学生权益的关注,而不是一味地展示你个人有多么的优秀。"

我抱着胳膊想了想,觉得老师说得有道理。但我又突然想到一个话题,于是问道:"老师,我听说在古代学而优则仕。难道不是学习成绩好的人才能做官吗?"

老师笑着说:"这可不尽然,我给你讲个故事吧!"

我很开心,因为又可以听故事了。老师先问我:"你一定听过《敕勒歌》吧,它的作者是谁?"

这可难不倒我,我说:"这我还真知道,作者叫斛律金,是个敕勒族人,东魏的官员。"老师点点头,示意我继续说。于是我讲起了东魏与西魏的战争。

《三字经》里有句话叫"北元魏，分东西，宇文周，与高齐"，这句话是说，西晋灭亡后，北方被五个少数民族分别占领，前前后后建立过十多个国家。后来，鲜卑族建立的魏国统一了北方，鲜卑族的领袖还把自己的姓氏从"拓跋"改成了"元"，这就是《三字经》为什么会说"北元魏"的原因了。可是后来，大臣高欢拥立一位皇帝去了东边，而军阀宇文泰则拥立另一位皇帝去了西边。他们建立的王朝都叫魏，于是北魏就分裂成了东魏和西魏。

东魏和西魏之间的战争不断。有一次，东魏的高官，也就是实际的当权者高欢，带着大军去攻伐西魏，但是他们行军不利，刚走到西魏的玉璧这个地方就走不动了。军队怎么也攻不下这座城市，而且还发生瘟疫，死了很多人。高欢特别受打击，大军只能停在玉璧不动。这时，西魏那边放出消息说，高欢肯定是死了，不然军队为什么不动？在这种情况下，高欢只得在军队中举行一场宴会来打破这个谣言。可是这宴会很沉闷，从将军到士兵都提不起精神来。这个时候，军队里随行的冀州刺史斛律金唱了一首他家乡的歌曲。他是敕勒族人，敕勒族生活在草原上，所以歌词写的都是草原的辽阔景象。斛律金是这样唱的：

敕勒川，阴山下，天似穹庐，笼盖四野。
天苍苍，野茫茫，风吹草低见牛羊。

老师听完我说的话，点点头说："故事讲得真不错，哎，对了，你刚才说这首《敕勒歌》的作者是谁？"

我愣了一下，慢慢说："斛律金呀！"

老师摇摇头说："我敢肯定不是他。"

我说："为什么呀？"

老师说："史书上说这歌儿是他唱的，又没说是他写的。"

我马上反驳道："古代文人自写自唱，这事儿多正常啊！"

老师则笑道："说得好，斛律金是文人吗？"

我被问住了，试着回答说："不是文人的话，能做

纳子衿之言
行子衿之

官吗?"

老师清了清嗓子说:"那咱们还是从头说起吧!中国历史有个特点,北方的少数民族总想入主中原,做中原的主人。可是等他们入主中原之后,就得防着北方的其他少数民族了。北魏是鲜卑族的政权,他们在入主中原以后,就开始大力学习汉文化,并且开始防范其他民族。"

我问老师:"北魏防范的是柔然吗?"

老师点点头,然后说:"北魏想了个好办法,在和柔然之间的边境上设置了六个军事重镇,以此防范柔然。"

我不禁问道:"光靠六个镇子就防住柔然啦?"

老师说:"六镇的南面还有座山呢!"

我明白了,说道:"原来六镇是第一道防线啊!那座山叫什么山?"

老师说:"阴山。"

我激动地说:"哦!我明白了,敕勒族人就生活在六镇!"

老师点点头说:"敕勒族人原本生活在遥远的北方。贝加尔湖畔有一支敕勒族人投奔北魏,北魏就让他们都生活在阴山北六镇一带,他们管这里叫'敕勒川'。"

我吐槽道:"北魏也是够阴险的,这是让敕勒族人帮他们防范柔然吧!"

老师摇摇头说:"敕勒族人或许不是这么想的,他们和鲜卑人之间有兄弟般的感情。据说敕勒族人唱歌像狼吼一样,他们是有血性的民族,愿意承担这样的任务。斛律金就是敕勒族的重要人物,他和那位高欢将军的关系极好,他家几代人都有战功。这是他在高欢最惨的时候给他唱《敕勒歌》的原因——提醒他,我们敕勒族人一定会陪你战斗到底!"

我真是没想到一首《敕勒歌》的背后还有这么多故事,但是这与《敕勒歌》是不是斛律金创作的有什么关系吗?我又拿这个问题问回了老师。老师却说了个题外话:"金字怎么写呀?"

我被老师问蒙了,下意识地在自己手心上比画着,同时说道:"一撇一捺……"

老师打断我的话说:"像不像一个小房子?"

我往自己手上看了看,觉得还真是像一个小房子。老师继续说:"你再写个敦厚的敦,看看是不是复杂多了?"

我写了写,还真是复杂多了。老师接着说:"斛律金最早的汉名就是斛律敦,但因为敦字难写,就改成了斛律金。"

我接着老师的话说:"就因为画个房子就完事了是吗?"

老师笑着点点头。

我惊讶道:"原来他不认识字呀!"

老师挪了挪椅子说:"对,他是武夫,不认识字。所以我说,《敕勒歌》肯定不是他作的。那不过是一首敕勒族的民歌,他会唱而已。"

我补充道:"他当时很可能是用敕勒族语唱的,鲜卑语和汉语他应该也不熟吧。"老师点了点头。

我好像明白了,斛律金那么忠于国家,忠于高欢,做了高官还跟随高欢去作战,在他最危难的时候为他唱歌,为他解忧,绝对算是个好哥们儿、好官员,但却不是一个文化程度高的"好学生"。看来,有没有文化、文化水平如何,与是否能成为一名好官员没有什么必然的联系。

我继续问道:"玉璧之战后,高欢怎么样了?"

老师叹了口气道:"高欢从西魏回来没多久就去世了。后来,他的儿子高洋当了皇帝,建立了北齐,这就是《三字经》里说的'高齐'。高洋在执政的晚期成了一个暴君,他曾骑着马奔驰,手里拿着槊矛三次指向斛律金的胸膛。"

我听到这里吓得往后一退,问道:"斛律金对此作何反应?"

老师接着说:"斛律金站立不动,高洋便赏赐给他一千段帛。"

我感叹道:"多少帛不重要吧!这也太吓人了。斛律金在用性命反抗高洋的残暴行为呀!"

老师点点头:"斛律金真是为北齐奉献了一辈子,

他先后辅佐了四个皇帝,再加上高欢和他的大儿子高澄,他辅佐过高家六个人。斛律金这一生忠心耿耿,很有作为。"

老师说到这里就停了。我明白了,一名好官员,应该心里有国家,心里有苍生。学而优则仕,但不仅仅是因为学而优才仕。我低头看了看自己的竞选演讲稿,知道该怎么改了。

我对老师说:"我找到了一个竞选口号。"

老师好奇地看着我。我说:"纳子衿之言,行子衿之权。"

老师把这句话重复了几遍,自言自语道:"'子衿'是学生的意思。纳子衿之言,就是吸纳同学们的建议;行子衿之权,就是行使同学们给你的权力。"

老师转向我笑道:"成,你懂了!"

影视讲吟诵 第八讲

流畅连贯

在本集故事里，我们听到了嘉兴吟诵的《敕勒歌》。

敕勒川，阴山下，天似穹庐，笼盖四野。
天苍苍，野茫茫，风吹草低见牛羊。

这应该是一首翻译成汉语的诗歌，有人说斛律金当年是用敕勒族语言演唱的，可据史书记载，高欢也跟着合唱了最后一句。从北魏到北齐，北方各个少数民族经历了很长时间的汉化过程，所以也有人认为，《敕勒歌》在北齐时期已经汉化，成为了一首流行歌曲。因此，斛律金很可能是用汉语演唱的，不然高欢怎么与之相和？

《北齐书》记载了高欢与斛律金一起演唱《敕勒歌》的故事,却没有记载这首诗歌的原文。直到宋代的郭茂倩编纂了《乐府诗集》,这首诗歌才出现。《乐府诗集》里说,这首诗歌应该有敕勒族语的版本,但是早就丢失了,只留下了汉语版本,而且是因为翻译的原因才造成句子不整齐。其实,现在有研究表明,突厥民族的歌曲就有这种第一句六个字、第二句八个字、第三句六个字、第四句七个字的体裁,敕勒族与突厥族颇有渊源,因此,或许本首诗歌的原貌就是这种"六八六七"的样子。

根据这些信息,我认为,这是一首原本用敕勒族语创作的后被翻译成汉语的诗歌,而且翻译得很成功,很符合诗歌的原貌。那么,当我们吟诵起这样一首北方民歌的时候,要注意它的原始特色:来自广袤之地,有辽阔和爽朗之感。

本首诗歌的翻译者为了表现北方民族的风格,首先选择了开口音作韵。比如前几句的韵字是"下"和"野","野"这个字今天读"yě",是小口型的发音,但中古音很可能不是这样的。为了尽可能接近诗歌翻译者的目的，我们最好还是把这个字读成"yǎ"，这样才能感觉到它和"下"是押韵的。仄声深重而悠远，又是开口音，我们在吟诵的时候，注意韵字的发音特征，就可以一下子感受到北方民族的那种硬派作风。

下面两句的韵字是"苍""茫""羊"，也是开口音，只不过变成了平声，结尾的声音停留在可以无限回味的"ng"上。这一部分在具体描写敕勒川的美丽景色，用开口的平声，给人开阔而又悠长的感觉，似乎天、野以及牛羊都是一眼望不到边的。吟诵这一部分，在拖长韵字的时候也要好好体会这份极目的感觉。

本首诗歌的前半部分与后半部分押了不同的韵字，我们可以将之理解为两个层次。所以，可以在"天苍苍"这里起高调，来表示层次的变化。当然，因为本首诗歌特别短，我们也可以处理成一个层次，不在"天苍苍"这里起高调。嘉兴吟诵的时候，第一遍用了分层吟诵的方法，起高调；第二遍则没有起高调，大家可以感受一下吟诵者的两种理解。

除此之外，本首诗歌的吟诵应该有一气呵成之感，最好不要在中间停顿太多。虽然这首诗歌在古代演唱的曲调如何，已经不可考究，但是流畅是歌的基本特色，我们在吟诵的时候，要努力向这一特色靠近。我们可以听到，嘉兴的吟诵基本上是一气呵成的。

或许有人在想，吟诵本首诗歌的时候是否需要平长仄短呢？我们可以发现，本首诗歌的平仄安排似乎没有特别明显的规律，所以不必严格按照平长仄短的方式来吟诵。而且如果故意拖长读某个字，会导致吟诵的时候不流畅，这就不符合歌的特点，也不符合敕勒族人的直爽性格了。

大家也跟随嘉兴的吟诵，一起来试试看吧！

· 第三部分 ·

独步光庭

连接内外之庭,有光自外而入,是为光庭。
君子引世间事入天子堂,为社稷苍生计,
独步其中。

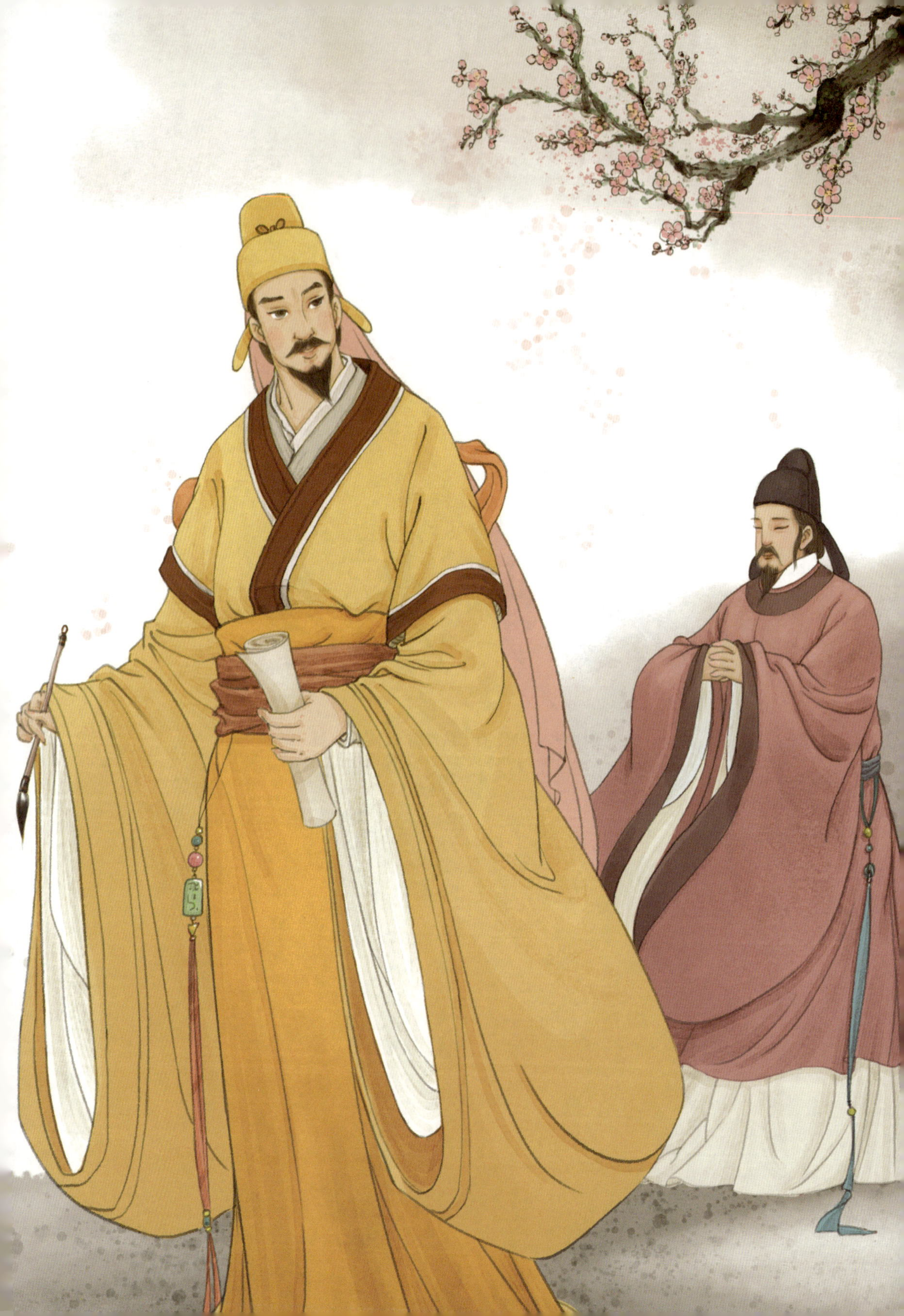

扫描二维码
听嘉兴的声音吧

第九集
一只高蝉

做一只『高蝉』，而不是做个『吹鼓手』。

《隋书》，唐魏徵等编撰，"二十四史"之一。全书主要记述了上起隋文帝开皇元年（公元581年）至隋恭帝义宁二年（公元618年）共38年史事，全书85卷。

《隋书》的体例包括纪、列传、志三种，其中纪和列传记载隋朝史事，志则涵括了梁、陈、北齐、北周和隋五朝的史事，其史料价值和学术价值都非常高。《隋书·经籍志》确立的经、史、子、集的传统典籍四部分类法，被后代奉为圭臬，遵用达1000余年。

——本集人物虞世基，事迹见于《隋书·卷六十七·虞世基列传》，虞世南的故事则大量见于《新唐书》和《旧唐书》，《隋书》中少有涉及

·150·

大家好，欢迎关注我的学习分享。

我现在已经是学生会的一员，最近有许多同学都向我提出了对学校的建议。有一位同学问了我一个问题，让我极其为难。于是我去找老师求助，老师一看我的表情就知道我遇到难题了。

我支支吾吾地说："学生会最近在补招成员，报名的人很多。有位同学想给我们这些有投票权的人送礼，来问我喜欢什么，还让我打听负责学生会工作的老师喜欢什么。"

老师听完这些话，一口茶水差点没喷出来，直接笑了起来，说道："行啊，小小年纪就会投其所好这一招啦！"

我无奈地说道："老师，您怎么还笑，我觉得这非常不好。进学生会得靠实力，不能靠走关系呀！"

老师反问我说:"关系难道就不是一种实力?"

我瞪大眼睛问道:"哦,那您的意思是这样也可以?"

老师笑道:"这要看具体的情况,说不定他真的能得到很多学生会成员的喜爱,大家最后推举了他呢!"

我无奈道:"我可不喜欢通过这种方式取得成功的人。他现在整天围着学生会的人转,比如在篮球场上只给学生会的人喝彩,给他们买水喝,这也太明显了。如果这样的人都成功了,还有什么公道可言!"

老师说:"我们来继续讲故事吧!南朝的陈朝有个官员叫虞荔,他有俩儿子,大儿子叫虞世基,小儿子叫虞世南。"

我插话道:"虞世南多有名啊!唐朝著名书法家。"

老师笑着批评我说:"古代可没书法家这个职业。"

我挠挠头说:"他的书法太有名了呀!我就这么顺口一说。"

老师则摇摇头说:"要说书法,他哥哥虞世基更厉害,出名更早。"

这我还真不知道,便托着腮听老师继续说。

老师接着讲故事:"据说虞世基长得特别帅,既有才华,又有学问,还是大官员虞荔的儿子,所以他在陈朝很有名,许多人都看好他。虞世基二十岁就当官了,官职一路飙升到尚书左丞,这可是个大官,能在陈后主陈叔宝的面前工作,是皇帝眼里的大红人儿。"

我打断老师的话,问道:"这虞世基到底是个什么样的人呢?陈朝后来不是灭亡了吗?虞世基在陈叔宝这个昏君面前是怎么生存下来的?"

老师喝了口茶,慢慢地说:"他有才华,写得一手好文章。有一次,他随皇帝去狩猎,写了一篇歌颂皇帝打猎场面的文章。陈叔宝很高兴,当场奖励了虞世基一匹名贵的马。"

我不屑地说道:"原来是个巴结皇帝的人啊!陈叔宝后来把王朝都丢了,虞世基巴结谁去呢?"

老师看着我问道:"你知道陈朝是怎么灭亡的吗?"

我马上说:"知道呀!北方的北周灭了北齐,北

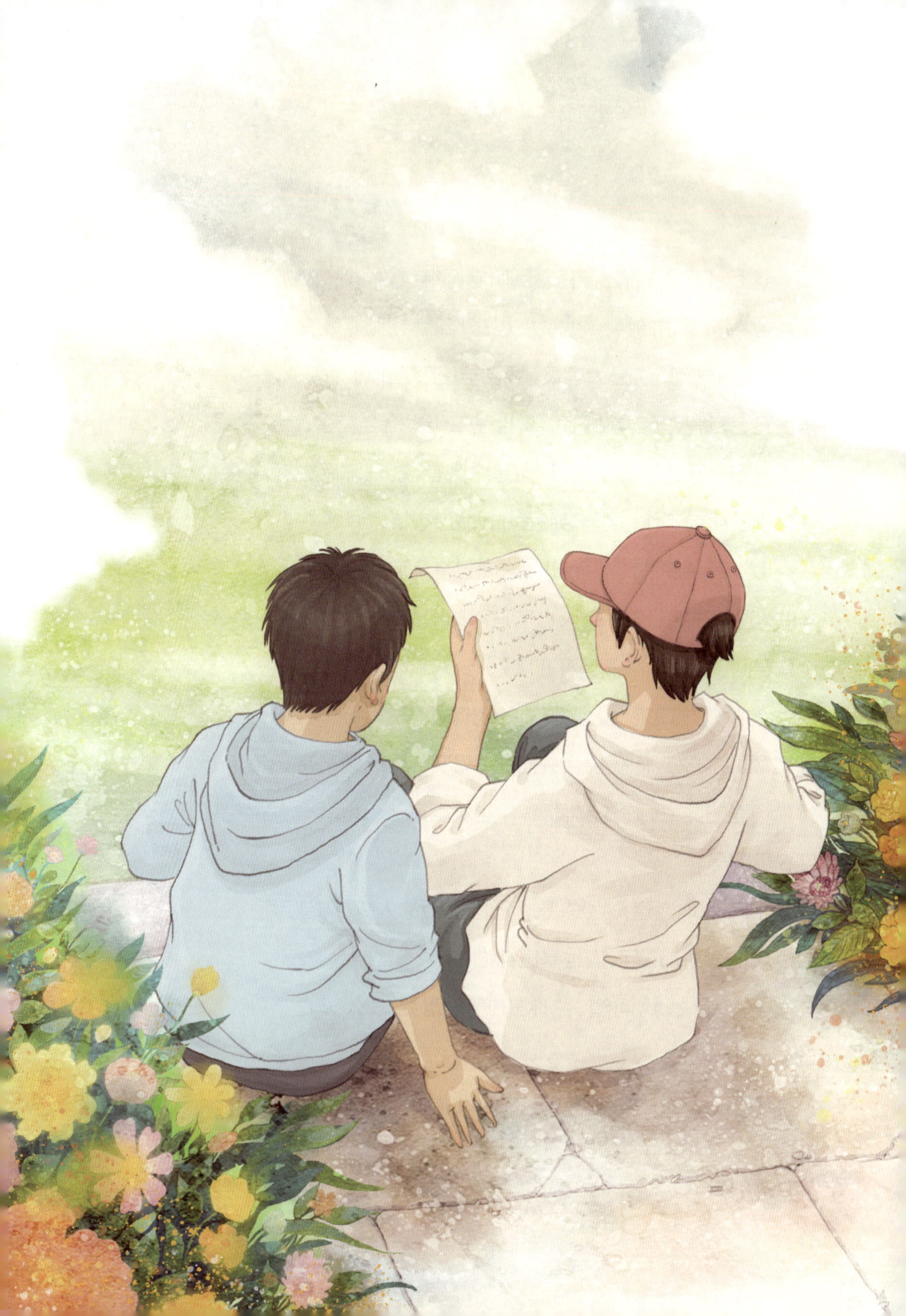

周的一位大臣杨坚建立了隋朝，后来隋朝灭了南方的陈朝。"

老师紧接着问道："隋朝派谁去灭的陈朝？"

我拍了拍脑门说："就是那个，那个，哦，对了，杨广，杨坚的二儿子，当时好像叫晋王。"

老师点点头说："历史学得不错。杨广灭了陈朝，就想在南方招一些很厉害的人做自己的手下。他听说了虞世基、虞世南兄弟俩，就准备招募他们。"

我叹了口气道："我猜虞世基肯定答应了去辅佐杨广。"

老师摇摇头说："不，他没去。"

我想了想说："难道是嫌杨广势力还不够大？"

老师笑着看着我说："你看，你也学会审时度势了吧？"

我急忙解释道："我这是在讽刺他，一个喜欢拍马屁的人，当然是谁厉害他就追随谁了。当时隋朝的太子是杨勇吧，他是杨广的哥哥。杨广不是皇位继承人，他哥哥才是，估计虞世基是看不上他。"

老师则笑着说:"你说的也有可能,不过虞世基不答应辅佐杨广还有个重要原因,那就是虞世南的劝阻。"

我恍然大悟,老师要是不说,我都快把这个人给忘了。我赶紧问道:"虞世南比他哥哥强吧?"

老师则说:"他哪儿比得上他哥哥呀!他能好多天不洗澡,形象没法跟他哥哥比!"

我惊讶道:"他为什么不洗澡?"

老师说:"学书法呢!你不是说他是书法家嘛,他学得太投入了。对了,教他书法的那个人你也听说过。"

"谁?"我知道老师故意让我问他。

老师说:"王羲之的七代孙。"

"智永和尚?"我马上反应了过来。

老师点点头,我便继续说:"对,您说过智永和尚是南朝人,原来虞世南是他的徒弟呀。"

我又一想,话题跑偏了,于是赶紧把话题拉回来说:"虞世南以什么理由劝他哥哥不接受杨广的邀请?"

老师说:"他说母亲身体不好。"

这明显是个借口啊！我想了想，觉得自己明白了，其实真正会审时度势的是虞世南，他知道如果当时加入杨广的麾下，就会卷入皇位争夺战。而虞世基比较短见，看到一个王爷就想巴结。

而我面前这位老师呢，他是很清楚这些的，但他在考验我，引导我自己想明白其中的道理。好吧，我就顺着他的意图，继续问下去好了。

我问老师："后来杨广当皇帝了，有没有再请这兄弟俩出山呢？"

老师点了点头说："你真聪明，杨广确实又派人来请这兄弟二人了。这次俩人想，皇帝可不好惹啊！只得出山了。"

我接过话来说："我猜虞世基肯定混得不错，他会投其所好啊！按照您的说法，这也是一种实力。"

老师则笑着说："可不是嘛，他跟杨广的关系可好了，杨广很喜欢听他的吹捧，一路提拔他，最后都把他提拔成宰相了！"

我讽刺道："这多正常啊！"转而问道："那虞世

南呢？"

老师说："虞世南混得不行。隋炀帝杨广做事很有问题，隋朝建立没多久，他就搞了许多大型工程，花钱花得太多了。虞世南看出了这些问题，一个一个地给他指了出来。"

我马上叹了口气说："杨广肯定不高兴，不杀他已经不错了。可是您不是说古代的皇权也是被限制的吗？"

老师长出了口气说："杨广就是那种失控的人，他好大喜功，建造大兴城，建造长城，跟突厥开战，征伐高句丽，开凿运河。这些事儿把天下的百姓累得都活不下去了。虞世基本来应该是劝谏皇帝的那个人，但他没能做到。你说，还有谁能控制杨广呢？"

听到这里，我哼了一声说："也就是说，其实葬送了杨广的人是虞世基，他可真有'实力'啊！"

老师则说："也不能这么说。杨广的为所欲为导致了农民起义，但是他根本不把这些起义放在眼里，想的是等人工运河竣工后，他要坐船去南方玩儿。虞世基劝阻了杨广，向他汇报了农民起义的情况，还建议沿路要设置军队，但是杨广根本不听，反而大发雷霆。所以，虞世基后来就再也不提农民起义了，老老实实随着杨广坐船下江南，再有关于农民起义的奏报，他就修改措辞，把情况描述得没那么严重后，再告诉杨广。"

我直接反驳道："老师，这还不怪虞世基吗？杨广不爱听，他就选择不说，这就是在极力发挥他投其所好的本领。他靠投其所好上台就不说了，在国家存亡的关键时刻还这么做，那就是葬送王朝。在他的辅佐下，陈叔宝亡了国，杨广也亡了国。他简直就是个'吹鼓手'。"

老师说："'吹鼓手'怎么讲？"

我说："平时又吹又鼓，歌功颂德，最后，成了葬礼上的吹鼓手，给这俩皇帝都吹亡国了。"

老师听完我的这番浑解释，笑得合不拢嘴。我则神秘兮兮地说道："老师，您的套路早就被我看穿了，您一直故意说反话，让我自己分析出虞世基的问题。您赶紧说虞世南吧，他才是正面人物。"

老师突然换了有些沉重的语气说："杨广后来就干

脆在江都，也就是扬州，过着安逸的日子不走了。北方的农民起义愈演愈烈，杨广甚至想在南方再立个首都算了。可是他带来的那些官员和士兵大多都是西北人，他们想回家，于是就造反了。叛军的头领叫宇文化及，他在扬州勒死了杨广。"

我迫不及待地问："虞世基有没有去吹捧宇文化及呢？"

老师摇了摇头："虞世基是宇文化及一定要除掉的人，这回虞世基无路可逃了。"

我叹口气说："所以我说吧，他这叫什么实力？把自己都葬送了。对了，虞世南呢？"

老师说："杨广一直很不喜欢虞世南，给了他一个很小的官当，让他做整理书籍的工作。也正因为虞世南不是杨广的亲信，所以宇文化及没杀他。不过虞世南抱着虞世基大哭，哀求宇文化及不要杀了哥哥。"

听到这里，我突然有了一丝怜悯之心，觉得虽然虞世基是咎由自取，但是看在虞世南对他的这份兄弟情上，宇文化及是不是能饶虞世基一命，所以我更期待老师继续讲下去了。

老师说:"宇文化及没有听虞世南的哀求,还是把虞世基处死了。他把虞世南也带回了北方,在回去的路上,宇文化及称帝,建立了许朝。"

我问老师说:"许朝?我怎么都没听说过?"

老师说:"因为许朝刚建立没几天就被农民起义军干掉了,宇文化及也被杀了。"

我一想,一个痴心妄想的乱臣贼子,有此下场也不奇怪。我还是更关心虞世南,便继续问虞世南的结局。

老师继续说:"虞世南被宇文化及带到山东聊城后,被干掉宇文化及的窦建德抓获了。窦建德特别欣赏虞世南,就让他做了黄门侍郎。"

我好奇地问:"黄门侍郎?就是皇帝身边负责传达圣旨的亲信?"

老师点点头说:"对。秦汉时期,皇宫的大门一般都是黄色的,所以皇帝身边的近臣就叫黄门侍郎。"

我不禁问:"这么说,窦建德也称帝啦?"

老师点点头说:"对,他自立为王,也建立了一个国家,叫夏国。"

我则笑道:"隋朝好不容易统一的天下又乱了,不过这个人能重用虞世南,说明他还有点眼光。"

老师却说:"这算什么重用啊!真正重用虞世南的人是李世民。"

我赶紧回应道:"李世民不是唐朝的皇帝吗?历史怎么发展得这么快?"

老师解释道:"也不快,李世民的父亲李渊曾经跟随杨广攻打过高句丽,做到了太原留守。后来,隋朝各地出现起义军,李渊就干脆也在晋阳起兵了。不久后,李渊在长安建立了唐朝。当时天下还有许多别的起义军建立起来的国家,李渊就派儿子们去一一灭掉他们。"

我明白了,接过话说:"李世民是李渊的二儿子,就是他打败了窦建德,对不对?所以虞世南到了他的麾下。"

老师点点头说:"你真聪明。李世民就是这样招募到了虞世南,他觉得虞世南是个人才,便加以重用。"

我叹口气道:"虞世南从来都不会曲意逢迎,只知道认真做学问,结果无论是乱世枭雄还是一代名君,都看上了他的才能。"

老师看了看我,我从他的眼光中看出了赞许。老师接着说:"李世民一开始只是个王爷,他让虞世南做自己的参军。等到李世民当上唐朝的第二个皇帝之后,他就让虞世南做了著作郎,这个官职有点像现在的文化部部长。"

我对老师说:"您看,这才叫实力!"

老师笑着说:"你说得对,这才是真正的实力。李世民很敬重虞世南,在跟他讨论问题时,哪怕说错了一个字,自己都会很后悔。虞世南也特别敢说话,他居然给李世民讲晋朝以来几次山崩的故事。"

我马上接过话来说:"我知道了,古人认为如果皇帝昏庸无能,大自然就会出现奇异的天象。他这是在警示李世民要做个好皇帝。"

老师点头示意我说得对,然后他感叹道:"李渊死后,李世民想厚葬李渊,虞世南却冒死进谏,劝他不要劳民伤财,李世民最终采纳了虞世南的建议。虞世南死后,李世民大哭,追封他为礼部尚书,还把他的画像挂进了凌烟阁。"

我惊叹道:"凌烟阁?就是挂了阎立本画的二十四幅功臣图的地方?"老师点点头。

我心里回想着虞世基、虞世南兄弟的事。哥哥机关算尽,反而丢了性命;弟弟淳朴忠厚,最终声名远扬。我突然想起初中学过的虞世南的那首《蝉》,这是他流传下来为数不多的诗歌里很有名的一首。

垂绥饮清露,流响出疏桐。
居高声自远,非是藉秋风。

在这首诗里,他把官帽上系在下巴处的帽绳比喻成蝉的触角,说蝉是饮清新的露水的,它的叫声从稀疏的梧桐树上传出来。这清新的露水,这稀疏的梧桐,都写出了虞世南淡泊名利的态度。后两句写出了虞世南这个人的特点:他对自己的人品要求极高,他觉得品格高尚的人自然能声名远播,而不需要借助外力。也就是说他不愿巴结别人，从没有通过曲意逢迎、投其所好这样低级的做法去依附于任何一个人。

最后，我问老师："您说，学生会是不是不能要那个在操场上给我们使劲喊好的人？"

老师则看着我说："作为学长，你可以教他写写竞选稿嘛，顺便也发挥一下自己的才能，好好引导他一下，教他怎么做一只'高蝉'，而不是做个'吹鼓手'。"

我和老师都笑了。

盈视讲吟诵 第九讲

绝句吟诵

要想把绝句吟诵好,就得先知道什么是绝句。对此,我有一种看法,当然,这是我的一家之言,大家在参考的同时,也要多了解其他的观点,毕竟兼听则明。

我们已经知道,汉代有了乐府,用于采集和整理诗歌。或许是汉武帝时期的大型活动太多,乐府采、理、献的流程又太长,于是许多文人干脆自己创作乐府诗。后来,一些皇亲贵族甚至皇帝本人也开始创作。自汉代以来,历朝历代都有乐府,于是又有更多的人加入了创作乐府诗的队伍。那么,乐府诗到底怎么作呢?当然是学习那些采来的又被整理好的汉代歌诗的风格,虽有特例,但大致如此。

一开始,采诗都在北方进行。从东晋到南北朝时期，由于北方民族的影响，汉人逐渐迁徙到了南方。南方的朝廷是否还要继续采诗呢？答案是肯定的。可是采什么诗呢？南朝的乐府首次采集了南方民歌。南方民歌的基本特色是短小，大概四句为一首。而乐府诗又有五言诗歌的传统，于是，南朝的乐府诗基本上就是一首四句的五言诗。不过南朝乐府出现了许多组歌，就是由许多首四句诗组成的诗歌。当时的文人很可能向这种诗歌学习，也作这种五言小诗。或许是因为南朝乐府的五言小诗都是组歌，这些文人就把自己创作的只有四句的小诗叫作"断句"或者"绝句"，就是只有一部分的句子。还有一种可能是，南朝文人喜欢玩联句游戏，几个人在一起，你说四句，我说四句，他再说四句，这样联下去。那么，如果只有四句，岂不就像是联句中断下来的句子，断者绝也，所以就管四句的五言诗叫"断句"或者"绝句"了。

可见，绝句是从乐府诗演变而来的一种古体诗，它并不讲究严格的平仄安排。后来，唐朝人开始大量创作符合平仄格律的四句五言诗，让这些诗歌押平声韵，每句平仄相间等。这种唐人发明的严格符合格律要求的四句五言诗就是格律诗歌的绝句了——也有人说第一次给这种诗歌起名为"绝句"的人是杜甫。绝句，既可能是古体诗，又可能是近体诗（格律诗），要具体问题具体分析。

如今，人们把不符合格律的四句五言诗叫"古绝"，把符合格律的四句五言诗叫"绝句"，以此来区分古体绝句与近体绝句。

我们现在知道，绝句的概念最早来自古体诗，所以四句五言诗作成古体诗会更有感觉，也就是说创作得古朴些、空灵些会比较好，不要太精美、太雅致。很多人都学过杜甫的一首绝句："迟日江山丽，春风花草香。泥融飞燕子，沙暖睡鸳鸯。"这四句诗两两对偶，平仄相间，文辞优美，细腻多情。但却有人诟病这首诗并不好，认为杜甫使用了绝句的形式，却写得过于精美了。

作五言诗要有点古体味道才更好，这叫"五言尚高古"。即便是近体诗，在某一句的关键点上多一个平声或者多一个仄声也无妨，这首《蝉》就是如此。

垂绥饮清露，流响出疏桐。
居高声自远，非是藉秋风。

　　本首诗押"平水韵"的"一东韵"，有大雅而感怀的意味。如果忽略第一句第二字的平声，本首诗的格律安排符合仄起诗歌的平仄规则。仄起，意味着第一句的第二个字应该是仄声，可是这一首诗第一句的第二个字是平声。如此一来，第一句读起来会更长一些，因为"绥"和"清"都需要拖长读，便不像近体诗那样长短有度，而是有点放浪形骸之意，高古的意味一下子就出来了。这才符合一个高士形容自己高洁志向时的潇洒和坚定。

　　吟诵绝句，尤其是这种被作者特意设计过的绝句时，要努力追求朴拙，声线尽量浑厚，不要太高亮，旋律不要太婉转，以表现高古的韵味。

　　你也跟随嘉兴的音频，来吟诵一遍这首诗吧！

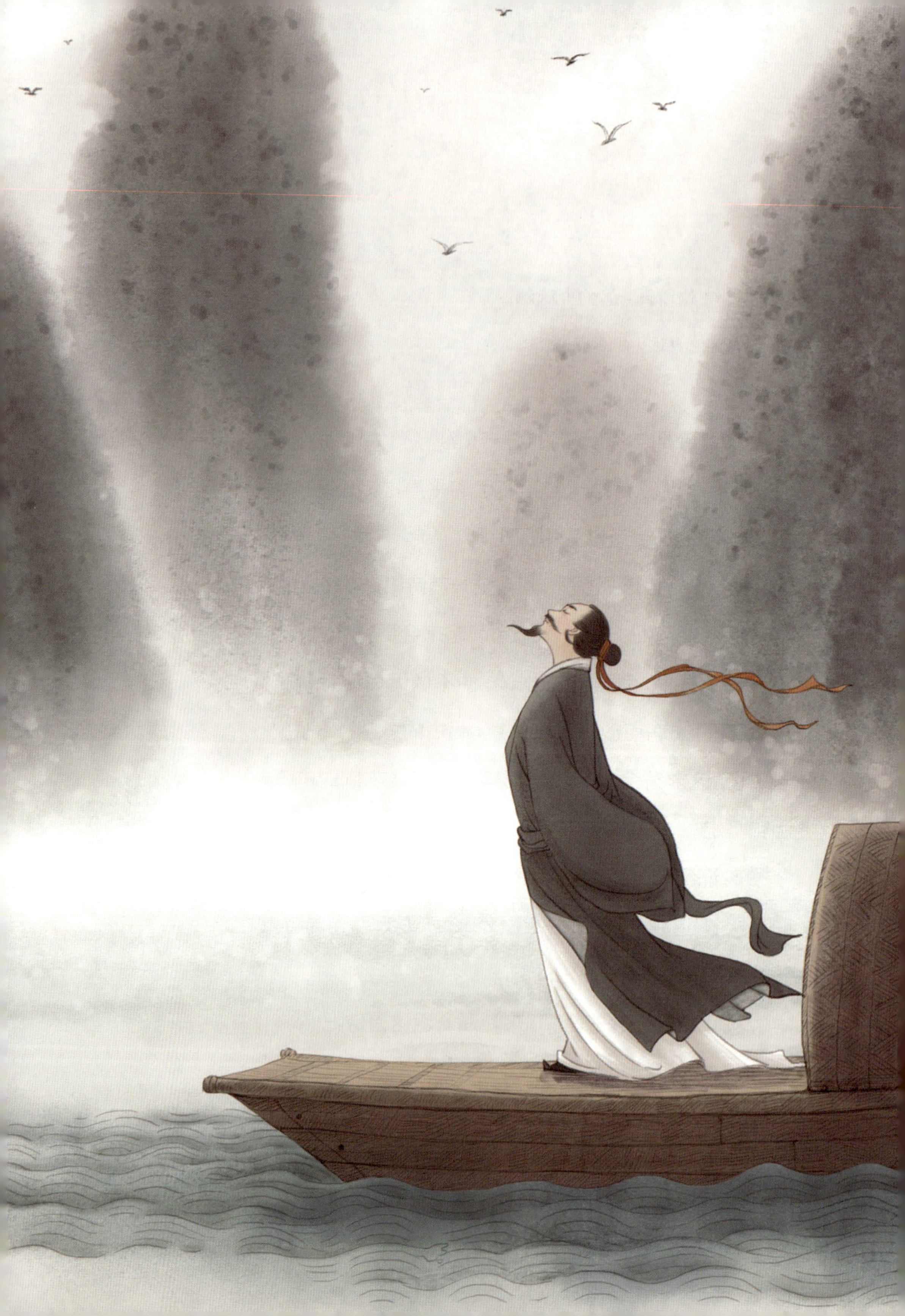

扫描二维码
听嘉兴的声音吧

第十集 一生少年

或许李邕希望的是，他们的王朝可以有更多像李白这样的人——一生都有少年人的活力。

《旧唐书》，后晋刘昫等编撰，是"二十四史"之一。该书原名《唐书》，在宋祁、欧阳修等所编著的《新唐书》问世后，才改称为《旧唐书》。全书主要记述了上起唐高祖武德元年（公元618年）至唐昭宗天祐四年（公元907年）共289年史事，全书200卷。

《旧唐书》成书于后晋乱世，作者众多，成书迅速，因此不免有些粗率。但其记事详细，保存了丰富的唐代史料，因此明末学者顾炎武评价《旧唐书》说："《旧唐书》虽颇涉繁芜，然事迹明白，首尾该赡，亦自可观。"

《新唐书》修成后，《旧唐书》不再流传，直至明朝嘉靖年间才又得到重新刊行。到清乾隆年间修《四库全书》时，正式把新、旧唐书并列于正史。

——本集人物李白，事迹见于《旧唐书·卷一百九十·李白列传》

·172·

大家好,欢迎关注我的学习分享。

我最近在发愁作文应该怎么写。我遇到一个半命题作文,题目叫"少年正是＿＿＿＿时"。我想不出来这空里面要填写什么,于是想让老师给点意见。

老师说:"你不是爱作诗吗,干脆这个作文就起名为'少年正是作诗时'就好了。"

我问道:"老师,这作文题里有'正是'二字,这俩字还是要重视的吧?为什么只有少年才'正是作诗时'呢?"

老师则说:"'正是'又不是'只是',只能说有些人会认为,少年人有豪情壮志,充满梦想,很适合作诗。有些人一辈子都有少年的心态。"

我问道:"老师您说的是不是李白呀?"

老师点点头,表示我说对了。

我激动起来："老师，李白可是我的偶像！我喜欢他的潇洒，他的眼中没有功名利禄，不与世俗合作，简直是个世外的神仙。杜甫还曾说他是'天子呼来不上船，自称臣是酒中仙'，这也太酷了！"

我越说越激动，老师则托着腮看着我说："不与世俗合作就是酷吗？李白眼里真的没有功名利禄吗？"

我说："对呀！李白不是说'安能摧眉折腰事权贵，使我不得开心颜'吗？这不就是说如果他与权贵合作，会不开心。"

老师摇摇头说："你背诵过《古朗月行》吗？"

我说："这谁没背过呀！小时不识月，呼作白玉盘。又疑瑶台镜，飞在青云端。"

老师说："还能接着往下背诵吗？"

我继续道："仙人垂两足，桂树何团团。白兔捣药成，问言与谁餐？"

李白在这八句诗里生动描写了月亮的形状和月光的皎洁，并用神话传说写出了月亮初升时逐渐明朗和宛若仙境般的景致。

我心里正反复品味,老师却又说:"还能背吗?"

我问:"啊?后边还有啊?"

老师慢慢地说:"蟾蜍蚀圆影,大明夜已残。羿昔落九乌,天人清且安。阴精此沦惑,去去不足观。忧来其如何,凄怆摧心肝。"

我惊讶道:"这怎么还有八句呀?是什么意思呢?"说着,我就打开手机,上网查了起来。

原来,李白在这首诗的后面八句里说:"蟾蜍把月亮的影子都吃掉了,那月光照耀的夜晚现在已经显得残破不全了。"他还说:"后羿曾经射下多余的九个太阳,让天上人间从此安宁。此时的月亮迷惑不清,走吧,走吧!这里没什么可看的。我的忧伤无法形容,我难过得连心和肝都快碎了。"

这首诗,后半首与前半首差别也太大了。我知道,在文学上这叫反差,李白不仅仅是在写他对月亮的感知,还在影射自己的人生。他提到后羿射日拯救苍生,说明他羡慕能够为苍生奉献的人。也许,他是因为不能实现自己的理想,所以才那么伤心难过。原来李白也并非如表面上那样潇洒,他的内心也有很多痛苦的感受。

我暂停思考,问老师说:"老师,李白这首《古朗月行》是什么时候创作的?"

老师说:"历史上对这首诗的创作时间一直有争议,我个人认为这是他离开长安城后创作的。"

我知道李白曾经在唐玄宗李隆基身边工作过一段时间。唐玄宗曾亲自为他调制肉汤,让他坐在镶着七种颜色的宝石的座椅上。他曾喝得酩酊大醉,让唐玄宗最宠信的太监高力士给他脱靴子;他还一口气给唐玄宗最宠爱的妃子杨玉环作了三首诗词。那时,他风光无限,但后来他却很干脆地向唐玄宗请辞,潇洒地离开了长安城。唐玄宗为此还给了他一大笔金子。

我原本一直以为,李白戏耍了长安城里所有的权贵——被人隆重请来,他游戏一番,最后又潇洒地扬长而去。但是,我却没想到他还有这么多痛苦的感受。

我问老师说:"李白到底在痛苦些什么?"

老师笑笑说:"痛苦他自己怎么也长不大。"

我惊讶道:"长不大?是个头长不大吗?"

老师一下笑了出来:"还真是,李白说自己身不满七尺。大概一米六几吧,不算很高。"

我摇了摇头说:"这也不能算矮,看来不是个头的问题,那么是痛苦自己的内心不够成熟吗?"

老师叹口气道:"这样吧,咱们还是从头说起吧!"

老师喝了口茶,慢慢说:"李白应该是四川绵阳青莲乡人,所以李白称自己为'青莲居士'。他五岁就可以诵六甲了。"

我问道:"六甲是什么?"

老师说:"唐朝的蒙学书。"

我自言自语道:"五岁就学完了蒙学,看来李白小的时候就是个既聪明又努力的小朋友啊!"

老师说:"是的,你还记得我跟你说过'铁杵磨成针'的故事是假的吗?"

我拍着手说:"对对对,您说过,那是个宋朝人为了给自己家乡做广告才编出来的故事。这些人也真是的,搞出这么多李白的野史,都闹不清李白到底是个什么样的人了。"

老师笑了笑说:"好在史书和李白自己的一些记录还是可信的。"

我继续问:"老师,李白也不能只读蒙学吧?"

老师点点头说:"对呀!后来,李白的父亲在匡山给他找了个好老师,从那以后,李白就开始系统学习了。他不仅熟读各种书籍,还有心怀天下的志向。他跟许多人一样,想做个儒士,入朝为官造福这个世界。"

我惊讶道:"啊?您说的这个李白与我印象里的也太不一样了,我一直以为他看不上当官这件事,只会喝酒,瞧不起所有人呢!我记得李白好像一生都没有参加过科举考试。"

老师笑笑说:"大家对李白的误解太深了,这可能是因为不了解唐朝的制度。唐朝初年,科举考试制度并不是唯一进入仕途的渠道。人们还可以通过被推荐的方式和自荐的方式进入官场。李白走的就是自荐这条路。但很多人不了解这个制度,所以才会以为李白瞧不起科举,甚至不愿意做官,这真是天大的误会。"

我问道:"那李白当上官了吗?"

老师摇摇头说:"没有。"

我不解道:"为什么呀?他们觉得李白不够好吗?"

老师笑了笑说:"是因为李白太年轻了。"

我问道:"李白那时候多大?"

老师说:"十五岁。"

"十五岁?"我惊讶极了,"这不是跟我一样大吗?"

我心想:李白十五岁就想去做官,这还真是少年就有大志向呢!不过当时没有被录用也很正常,就像现在也不会有人让我做官呀!

我问老师:"那他就放弃做官了吗?"老师说:"没有,他几乎走遍了四川的每一个地方官府,在二十岁的时候,来到了渝州,也就是今天的重庆。"

我心说:李白真是坚持不懈呀!他肯定是去找渝州太守。我就问老师:"当时的渝州太守是谁?"

老师说:"这个人叫李邕,当时他已经四十多岁了。这个人曾经年少轻狂,目空一切,是个有名的豪放之士。他的书法很有名,还曾经给山东曲阜的孔庙写过碑呢!"

我说:"又是个充满少年心的人,他肯定会任用李白的。"

老师摇摇头说:"没有,李邕觉得李白太年轻,不懂现实,充满幻想,没有经验……"

我打断老师说:"这个人怎么这样,他现在老了就忘了自己年轻时的样子了,看不起年轻人啦?"

老师不置可否,接着说:"据说李白本来给李邕带了个礼物,但因为自荐没成功,所以一气之下没给李邕,而是给了李邕的副官,还托他给李邕带去了一首诗。就叫《上李邕》。"

大鹏一日同风起,扶摇直上九万里。
假令风歇时下来,犹能簸却沧溟水。
世人见我恒殊调,闻余大言皆冷笑。
宣父犹能畏后生,丈夫未可轻年少。

李白的这首《上李邕》写得太好了! 他把自己比喻成庄子笔下的大鹏鸟,借着风可以飞到九万里的高空。

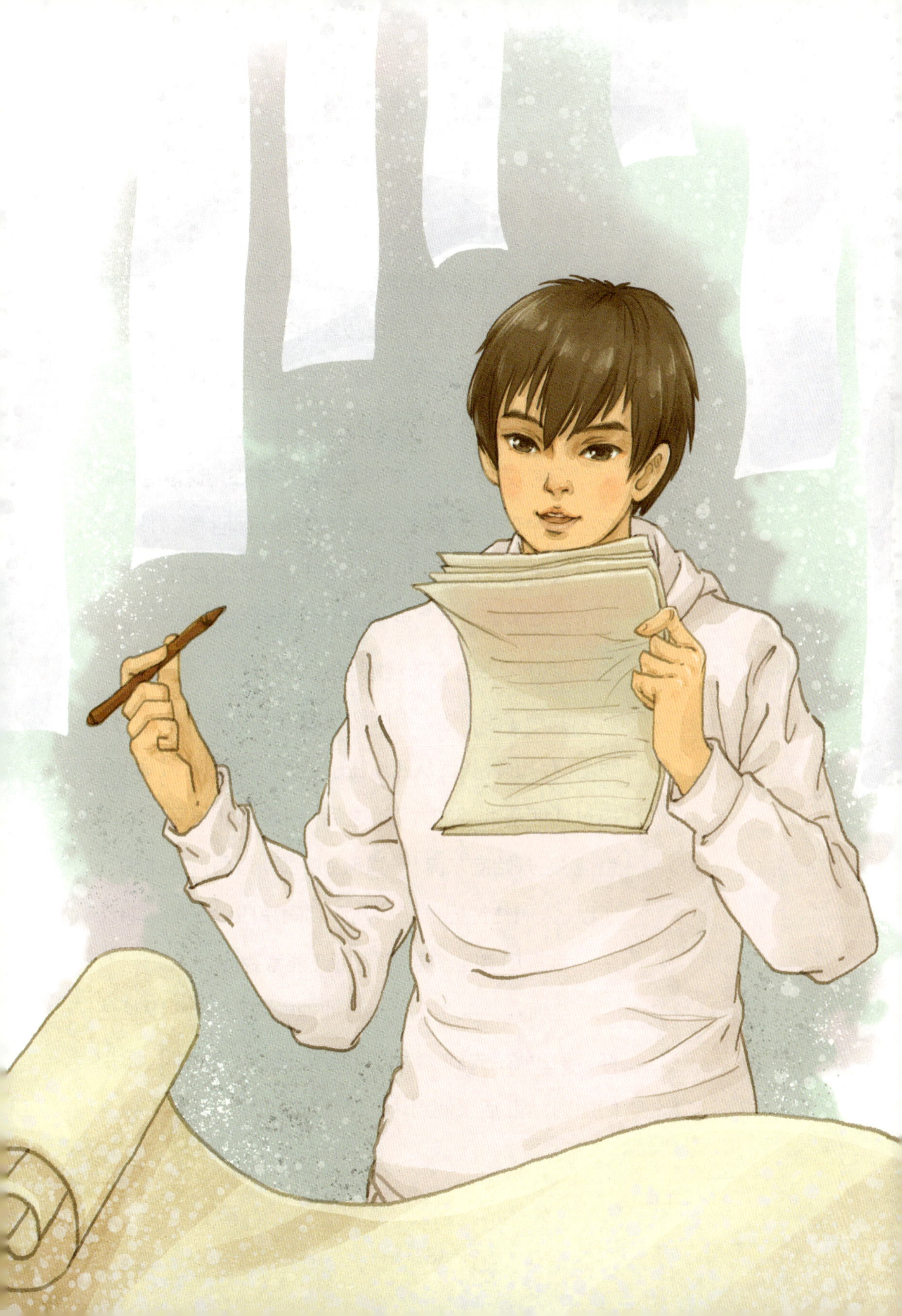

即便跌落了，也能激起海浪。而且李白很可能知道李邕曾给曲阜孔庙写过碑，所以故意用孔子的话讽刺李邕。因为孔子曾说过"后生可畏"，而李邕居然瞧不起自己这个小后生的"大言"，还怎么好意思给孔庙写碑呢？

我感叹了一会儿，又问老师说："李白用这首诗回敬李邕的轻视是过了瘾了，可做不了官呀！那他怎么办？"

老师说："只有'出川'了呗！他二十四岁那年离开四川去游历天下了。"老师停了停，转而问我："考考你的地理知识，长江都流经哪些地方？"

我想了想，说："老师您是想考考我李白的出川路线吧！我知道，长江从四川往东走，过三峡，来到湖北，掠过江西最北部的九江。之后，斜着向北一直流到南京，然后开始向东流，一直流到上海，最后汇入大海。所以，人们往往把长江从九江到南京段以东地区叫江东。"我一口气回答完，看老师还能考我什么。

老师点点头说："行啊，地理学得不错呀！没难住你。李白就是先到了湖北的荆州，还作了首诗叫《渡荆门送别》呢！后来他到达九江，还去了庐山游玩。"

我接过话来说："他在那里作了《望庐山瀑布》？"

老师点点头。我恍然大悟，原来这几首诗是这么联系起来的。李白是去求官的，他相信自己一定可以成功，所以不怕路远，不怕失败。但是他一直没有遇到伯乐，心里既期待又担心。所以他在《渡荆门送别》里说，他似乎看见月亮飞下了天空，云彩集结成了海市蜃楼。他还在《望庐山瀑布》里说，庐山的瀑布让他看到了天上的银河。这真是个爱做梦的少年人啊！

老师的话打断了我的思考："你刚才对长江的走向也有说得不准确的地方。长江从九江开始往北流，这说得没错，但严格来说，其实是往东北方向流的。它流着流着转了个弯儿，向东流了一小段儿，然后，以九十度的转向直接向北冲去了！"

我感叹道："长江的流向变化，一定影响了李白的心情，让他激动起来吧？他可能会联想到自己的梦想就要实现了。对了，老师，那个转弯处在哪儿呀？"

老师说："那个地方叫芜湖，在那里，长江的两岸有两座山，像一道门一样。"

"天门山！"我脱口而出。李白的《望天门山》肯定就是在这里作的。

老师说："对，所谓'碧水东流至此回'，是说虽然长江从九江开始就往北流了，但大的方向还是向东的，然而到了芜湖，这碧水开始掉头直接向北了。"

我接过老师的话说："李白说的'孤帆一片日边来'，说的就是自己的船吧！他这是要带着太阳的能量去建功立业了。"

老师笑着点了点头。我不禁问道："老师，李白这是要去南京吗？他找到机会了吗？"我越来越关心这个满怀梦想的人了。

老师叹了口气，说："唉，可是谁都没时间见他。因为李隆基要到泰山祭天祭地，大家都在为此事忙得不可开交。"

我也叹气道："他也是够不顺的，这回他可受打击了吧？"

老师摇摇头："还真没有，他的朋友在酒馆聚会为他送别，大家一起喝干了杯子里的酒，李白还说他似乎在酒馆里闻到了柳絮的香气。"

我心想，柳絮有香气吗？应该是李白的心中有香气，满怀着希望吧！他一直在想方设法自荐，并终于成功入宫见到了李隆基。但是为什么他最后要辞官呢？

当我把这个问题抛给老师的时候，老师却说起了另外的事儿："你知道唐玄宗李隆基的年号吗？"

我马上回答道："这个我当然知道了，开元啊！历史书上说'开元盛世'。不过后来他好像改过一次年号，将'开元'改成'天宝'了。"

老师说："不错，你记得很清楚，但你知道为什么要改成天宝呢？"这个我可不知道了，对着老师摇摇头，等老师回答。

老师说："因为李隆基老了。"

我不解道："老了就改年号呀？"

老师叹口气说："你这个少年不懂老年人的心态呀！李隆基当时已经五十七岁了，所有丰功伟业在年轻时候都完成了。他立了太子，朝政也很稳定，所以他不再想开什么元了，他想吃喝玩乐，享受生活。"

我打断老师,有点不安地问:"李白什么时候见到的李隆基?"

老师看着我说:"就在李隆基改年号为天宝的那年。"

"唉,"我叹了口气说,"这是一个少年人和一个老年人的矛盾呀!"

老师笑着说:"李白这一年都四十多岁了。"

我反驳道:"可是李白一生都是少年心性呀!他积极进取,跟那个老了就光想着玩儿的李隆基绝对不一样!"

老师点点头说:"你现在明白了吧!李白为什么会'天子呼来不上船,自称臣是酒中仙',他知道李隆基只想让他陪玩儿,根本就没打算派他去做正事!"

我了然地点点头。李白好不容易成功自荐,进入皇宫,结果遇上了一个已经年老的皇帝。这个皇帝不想再努力了,所有人都在陪他玩儿。满怀着期望与梦想的李白当时一定绝望透了。怪不得他会"斗酒诗百篇",怪不得他不能"开心颜",因为他的心永远不老呀!我现在明白为什么李白会"凄怆摧心肝"了,因为他心中的"白玉盘"已经"沦惑"了,已经"不足观"了!

我无奈地说:"老师,看来李邕是对的,他知道李白这样的少年心境,是没办法在这个时代里取得成就的。"

老师把我拉回到李白二十多岁游历长江的时候,他说:"李白离开南京后,去了扬州。在扬州,他很快就要混不下去了,因为他没钱了。这个时候,他收到李邕寄来的一个包裹,打开一看,里面全是金钱。"

我惊呆了,没想到李邕在关键的时候救助了讽刺过他的李白。我想来想去,终于想到一个结论,我对老师说:"老师,李邕的内心深处其实是赞赏李白的,只是李邕自己无奈地长大了,他希望李白可以一生少年!"

老师纠正我说:"或许李邕希望的是,他们的王朝可以有更多李白这样的人,一生都有少年人的活力。"

我又看了看那首《上李邕》,久久无语。

最后,我对老师说:"我知道怎么写我的作文了!"

盈视讲吟诵 第十讲

歌行风采

在本集故事里，我们听到了嘉兴吟诵的一首李白的"七古"，也就是七言古体诗，这首诗的名字就叫《上李邕》。唐代的七言古体诗，大多数都属于歌行体。

虽然在乐府诗中也有"歌行"的名字出现，比如"长歌行""短歌行""燕歌行"等，但是这里的"歌行"应该不是指诗歌风格。这些名字里的"歌"字应该跟着前边读，例如，"长歌行"的断句应该是"长歌/行"。意思就是将一首长歌，用流畅、快速的方式来演唱。而到了唐朝，"歌行"逐渐成为一个专有名词，表示一种独特的诗歌风格。这种诗歌基本上都是七言古体诗，或者是以七言为主的杂言诗。所谓以七言为主的杂言诗，就是说一首诗中，大多数是七个字为一句的诗句，但里面也有三个字为一句的或五个字为一句的等。

歌行体的独特风格究竟是什么呢？快速和流畅。我们知道，吟诵近体诗的时候要拖长关键点位置的平声，所以会显得速度偏慢。而古体诗的吟诵要一气呵成，不讲究平长仄短，于是吟诵起来速度会偏快。一句话七个字，既要一气呵成，还要拖长韵字，只能速度更快一些才好完成。通常，吟诵歌行体诗歌的时候，连节拍都是均匀的。比如：

大鹏一日同风起，扶摇直上九万里。
假令风歇时下来，犹能簸却沧溟水。
世人见我恒殊调，闻余大言皆冷笑。
宣父犹能畏后生，丈夫未可轻年少。

我们以第一句为例，一字一拍，结尾韵字两拍。结尾不是韵字的字，吟诵的时候占一拍，空一拍再吟诵下一句。大体如此，表现的时候可以有细微的调整。

歌行体就是一种可以打着拍子或者拍着大腿吟诵的诗歌。所以，以歌行体，也就是以七言古体为形式创作的诗歌，表达的情感往往是流畅的，明白了这一点，可能有助于我们重新理解许多诗歌的创作意图。

我们再来看这首《上李邕》。读了本集的故事，我们知道李白是在激愤的状态下创作的本首诗歌，有一种年轻人的酣畅淋漓在其中。或许正是因为需要这种一吐为快的发泄感，所以李白才选择了歌行体为形式来创作吧。吟诵《上李邕》的时候，一定要有一种爽朗的一泻千里之感，不能吟诵得磕磕绊绊、矫揉造作。

了解了本首诗歌的基本风格，我们再来看它的韵部。古体诗歌在一首诗里是可以换韵的，本首诗歌的前四句押的是上声韵。上声的发音有高、猛、强的感觉，可见李白在借大鹏鸟表现自己的高傲。选择上声韵，是声音与意象的完美结合。吟诵前四句的时候要将声调上扬，甚至摇着头，读到韵字的时候要用力。

诗歌的后四句换成了去声韵。去声有坚定的感觉，而且听起来语气很厉害。李白选择去声韵来表达自己对李邕的指责，也是很准确的。吟诵到这四句的时候，声音要厚重一些，尤其这四句的去声韵发音口型很大，一定要读出年轻人"脾气大"的感觉。

　　本首诗歌入声字的使用也很有意思。入声全都集中在前四句出现，这不是偶然的，而是故意设计的。前四句是一种自我形容，也是一番自我打气，所以用入声来增强顿挫感，让这些自我激励的句子读起来更加有劲儿。吟诵这四句的时候，要注意把它们读得明显一些，把李白那种打不倒的少年人精神表现得明显一些。

　　后四句是指责，选择了去声为韵来表达强烈的情感，就不再用入声去表现过于厉害的语气了。凡事不可太过，过犹不及，如果批评指责得太过分，就显得自己气急败坏，有点恼羞成怒的嫌疑，不像是个占了理的文人雅士，更像是大街上随意骂街的小混混了。

　　另外，不用入声字，读起来更有流畅之感，也能够更好地展现歌行体的风格。吟诵后四句的时候，要努力表现高高在上之感，体会李白那份强大的自信。

　　你也跟着嘉兴的音频，吟诵一遍这首《上李邕》吧！

方

扫描二维码
听嘉兴的声音吧

第十一集 一门忠烈

颜真卿之所以会孤身犯险，是想把一个家族，乃至一个时代的精神延续下去吧！

《新唐书》，北宋欧阳修、宋祁等编撰，『二十四史』之一。全书共225卷。

北宋仁宗时期，国家安宁，有许多五代战乱时期不易收集到的唐代史料，此时得到了征集和整理。宋仁宗认为《旧唐书》『纪次无法，详略失中，文采不明，事实零落』，故下诏重修唐史。欧阳修、宋祁等人花17年修成《新唐书》。其体例包括本纪、列传、志、表四种。自《史记》创本纪、表、志、列传、世家等体例后（《汉书》将列传与世家合并，此后历代史书均采用这种做法），魏晋至五代，诸史均缺略志和表，直到《新唐书》才又恢复了体例的完整性。

《新唐书》叙事简练，相较于《旧唐书》，宋祁评价『其事则增于前，其文则省其旧』，以说明《新唐书》广增文献，扩充了史事，且语言简洁，其有春秋笔法的微言大义。明末学者顾炎武则评价说：『《新唐书》颇有裁断，文亦明达。』

——本集人物颜真卿，事迹见于《新唐书·卷一百五十三·颜真卿列传》

大家好，欢迎关注我的学习分享。

最近，"北京阅读季"的主办方给了我一个机会，让我在一个读书分享活动上发言。因为"北京阅读季"正在推广一套书，这套书讲了许多中国古代的优秀人物，所以主办方让我挑选一个人物，谈谈对他的事迹的感想。我选来选去，选中了颜真卿。虽然我知道颜真卿是个书法家，他在唐代有耀眼的光辉，可我对他的生平并不了解。书还没读完，我就急着去找老师谈我的发言稿了。

这回，我先问老师："如果让您来介绍颜真卿，您最先想要介绍他的哪些事迹？"

老师不假思索地回答："被丑人陷害。"

我重复道："丑人？是谁呀？"

老师说："他叫卢杞，唐朝中期唐德宗时期的人。

他长得实在难看，史书上说他的脸是蓝色的，面貌像鬼一样。不过他很会办事，知道如何得到唐德宗的喜欢，逐渐获得了相当于宰相的权力。"

我不屑地说："嘿，原来又是一个虞世基。不过，他为什么要陷害颜真卿？"

老师问我说："一个排挤他人、阴险狡诈的小人最怕什么人挡路？"

我明白了，对老师说："颜真卿在唐德宗时期已经是个老人了，他就算是看不惯卢杞的阴险，难道就没有隐藏一下自己的真实想法吗？"

老师笑道："隐藏？你太不了解颜真卿啦！颜真卿是个怼奸臣的专业户，无论是谁做错了事，他都会直接提出自己的看法，老了也没改变。确实，颜真卿此时都七十多岁了，但他依然看不惯卢杞利用自己的官职来打击和自己想法不一样的人，所以，他直接跑到卢杞家里去，把卢杞说得哑口无言。"

我惊叹道："这老头太猛了！不过这也太危险了，卢杞会因此报复他吧！"

老师点点头说:"可不是嘛,卢杞确实就报复他了。对了,你知道藩镇割据吗?"

我赶紧回答说:"我知道,原本唐朝的节度使都在边境,这是为了防御周边外族的入侵。但是唐玄宗时期发生了一场安史之乱,驻守边关、拥有三个地方节度使大权的安禄山叛变,占领了唐朝的大片江山,唐朝花了很长时间才把安禄山打败。这之后,中原地带也开始设置节度使驻守各地。这些拥有大权的节度使,坐镇一方,威胁朝廷,这就是藩镇割据。"

老师点点头说:"其实大多数驻守一方的藩镇跟朝廷是一条心的,没有想着要割出一块地方,据为己有。但有个别的节度使就不得了了,比如唐德宗时期最有名的节度使李希烈。这个人很会打仗,朝廷原本是派他去讨伐一个想要割据的节度使的,不料他竟然纠集了四个节度使,自立为王,自称'天下都元帅'。"

我问道:"朝廷可不可以再让别的节度使去攻伐这五个叛变的节度使?"

老师说:"朝廷确实是这样做的,结果失败了。这

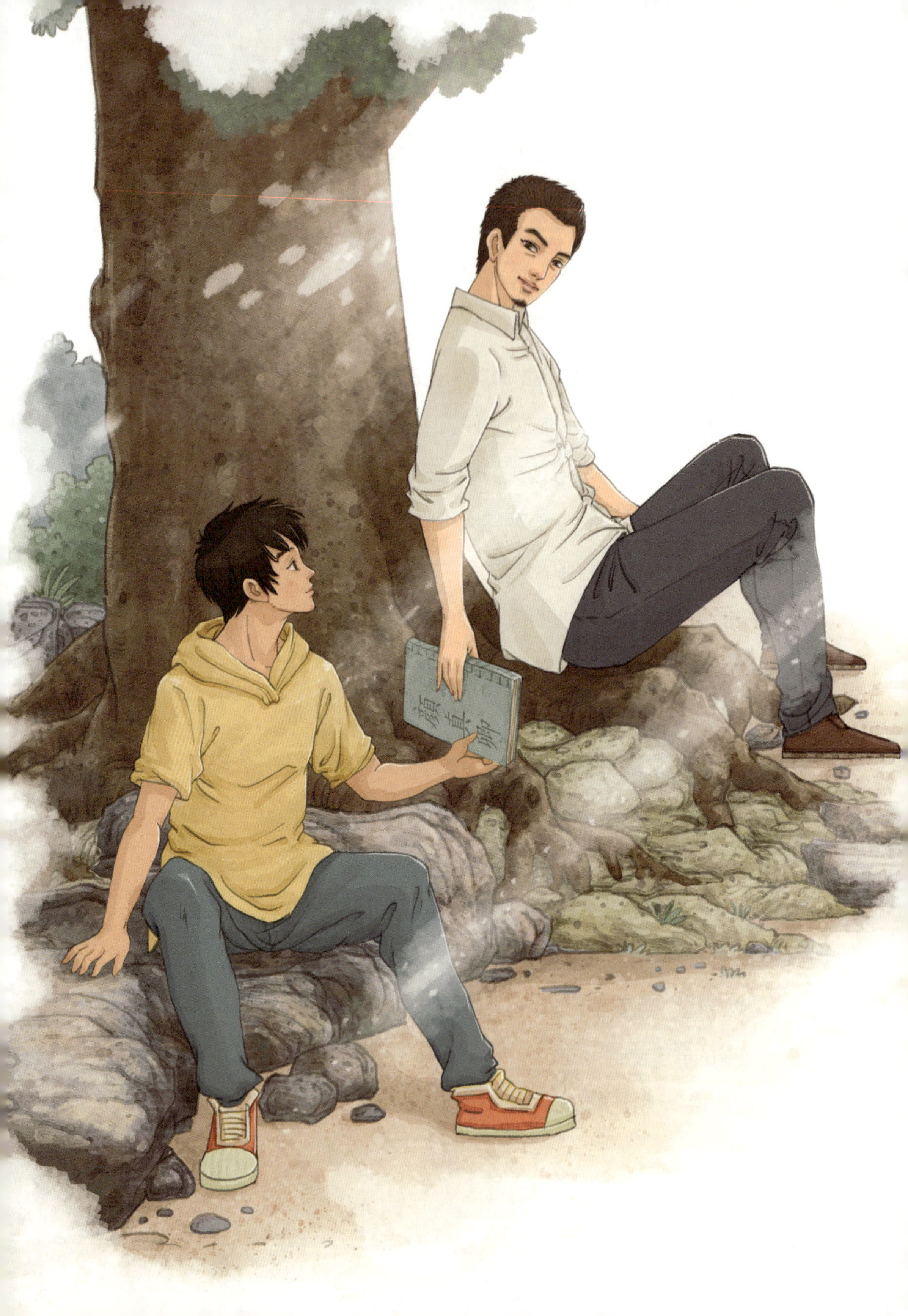
顏真卿

五个叛变的节度使很厉害,就快打到东都洛阳了。"

我惊讶道:"想当初,安禄山不就占领了东都洛阳吗?李希烈也要走这条路?看来朝廷又要经历一回大乱了。"

老师则说:"宰相卢杞有办法。"

我瞪大眼睛问道:"一个小人能有什么办法?"

老师叹了口气说:"唉,往往就是小人有办法。他说,派英勇无比的老臣颜真卿去说服李希烈就好。颜真卿那么会怼人,让他直接去怼李希烈呗!"

我听完后笑了,说:"卢杞也够小气的,这个时候还说风凉话。"

老师说:"唐德宗同意了卢杞的建议。"

我大声道:"同意啦?开玩笑吧!这不是卢杞坏,这是唐德宗太傻了!"

老师点点头说:"君臣同频呗!颜真卿也答应了。一个七十多岁的老臣,不惧危险去说服李希烈。"

我感叹道:"李希烈肯定不听他的吧?"

老师点点头说:"李希烈百般羞辱颜真卿,并且把他囚禁了起来。后来，李希烈还是在汴梁城称帝了，称帝前他问颜真卿关于称帝的礼仪。颜真卿说：'称帝的礼仪我从前确实很了解，不过我已经快八十岁了，只记得诸侯怎么朝拜天子的礼节，其他的都忘记了，不如我就教教你这个？'"

我拍着手说："哈哈，说得太好了，这是在告诉李希烈，你顶多就是个诸侯，当不了天子的。这太酷了！"但我转念一想，这样直接怼李希烈，颜真卿的处境真的很危险，于是问老师："那后来呢？"

老师说："后来朝廷的军队节节胜利，还杀死了李希烈的弟弟李希倩。李希烈十分恼火，把火气都撒在颜真卿身上，他让人给囚禁在蔡州的颜真卿带去一封赐死的诏书。颜真卿还以为是长安来的诏书，下跪接诏，说自己未完成朝廷给的任务，理应受死。不过他突然问起使者是哪一日从长安出发的。这位使者说，他是从汴梁来的。颜真卿马上就明白了，大喊着：'叛贼怎么有脸说自己下的是诏书！'后来，李希烈的使者就把颜真卿勒死在一棵柏树上了。"

我想象着这壮烈的一幕，久久没有说话。

过了一会儿，老师突然又说："宋代的朱熹说颜真卿确实是忠贞之人，但他智谋不足，你怎么看这个观点。"

于是，我对老师说："老师，我也给您讲个故事吧！"

老师看着我，等着我的故事。我说："我在读《颜真卿》这本书的时候，很喜欢书中讲的颜真卿小时候的事。我觉得一个人长大后的所作所为一定与小时候有关系。书里写到，颜真卿从小就没了父亲，跟着大伯颜元孙学习书法，跟着姥爷殷子敬学习儒家文化。他的大伯在黄泥上教他写字，就是把黄泥涂在墙上，用树枝代笔，写完了就再涂上黄泥，然后再写。他的姥爷给他讲过东晋顾恺之的故事，说顾恺之吃甘蔗，总是从甘蔗底部吃起，因为那里苦，以此来教育他学习也要如此，先下苦功夫，才会得来甜。"

老师点点头说："颜真卿的书法有朴拙之感，与当时的所有书法都不一样。这跟他勤学苦练有密切关系。

就像一个内功极强的人在那里站马步，看起来笨笨的，但你就是推不动他。不过，你讲这个故事跟颜真卿有没有谋略有什么联系？"

我说道："有联系呀！字如其人，颜真卿的性格就是这样刚直朴拙的。他在学习的时候没有用过什么巧劲儿，他家族的人也没有教给他什么投机取巧的办法，只教他明确的是非曲直观。所以，他不懂得如何迂回，只会耿直地对待这个世界，这就是颜家风范！我想，这种刚正忠烈也许就是颜真卿的谋略吧！我虽然还没看完这本书，但也看了安史之乱的故事。安禄山抓住了颜真卿的堂哥颜杲卿，逼他投降，颜杲卿大骂安禄山，安禄山切断了他的舌头，他也依然大骂。后来安禄山还杀死了颜杲卿的儿子颜季明，颜真卿的《祭侄文稿》就是写给这个侄子的。您看，颜家一门都是如此忠烈的形象。"

老师再次点点头说："这个例子举得好。那么卢杞派他去劝说李希烈，他为何要去？这也是谋略吗？"

我对老师说："我刚才就一直在想，这未尝不是一种大谋略。谋略的结果不是能保护自己这么简单，颜真卿这是牺牲自己保护大唐呀！您想，朝廷中如果只有卢杞这样的人，李希烈当然不会畏惧朝廷。颜真卿七十多岁了，依然挺身而出，这必然能震慑李希烈嚣张的气焰。而且颜真卿成了朝廷安插在李希烈身边的一把刀，虽然不能致命，但是他代表着朝廷的威严。您看李希烈要称帝时，颜真卿怼他的话，鲜明地彰显了国威！"

老师用赞赏的眼光看着我说："你说得真好，虽然后来李希烈恼羞成怒杀了颜真卿，但是不到两年，他自己也被手下毒死了。他拔除了颜真卿这把刀，自己也没有好下场。颜真卿将忠烈作为一种谋略，看似是卢杞陷害了颜真卿，实则是颜真卿选择了一条刚直的道路。"

说到这里，老师停了停，然后问我："你打算怎么在'北京阅读季'上发言？"

我说："我要画个金字塔，把颜家人和他的外祖殷家人都列出来，讲一讲他们的故事，让大家看看颜真卿是受了两家人几代的影响，这样就可以了解一门忠烈之士是如何产生的。"

老师很满意，又说："我再教你一首颜真卿的诗，你可以现场吟诵给大家听。"

大君制六合，猛将清九垓。
战马若龙虎，腾凌何壮哉。
将军临八荒，烜赫耀英材。
剑舞若游电，随风萦且回。
登高望天山，白云正崔嵬。
入阵破骄虏，威名雄震雷。
一射百马倒，再射万夫开。
匈奴不敢敌，相呼归去来。
功成报天子，可以画麟台。

老师说："这是颜真卿送给唐玄宗开元年间一个名叫裴旻的大将军的诗。名字叫《赠裴将军》。这位大将军神勇无比，参加过唐朝与匈奴、吐蕃的战争，是个战无不胜的高手。"

颜真卿在这首诗里说："君子能控制天下所有的

·204·

地方,威猛的将军能清扫四面八方的敌人。裴将军的战马像龙虎一般,跳跃起来雄壮无比。裴将军无论走到哪里都显示出他难得的英才,舞剑像闪电游走,随着风萦绕迂回。裴将军像天山上的白云那样高不可测,入阵杀敌如惊雷一般雄壮。射一箭,百马倒;射两箭,万夫都要让道。匈奴简直吓坏了,互相呼喊着赶紧往回跑。裴将军完成了此番功业,名字会被永远记录在史册中。"

我吟诵完这首诗,虽然不能看清裴将军到底长什么样,却能感受到一股舍我其谁的盛唐之气萦绕在身边。

我对老师说:"安史之乱时,颜家死了三十多人,颜真卿孤独地活到了中晚唐,他的身边有了像卢杞这样的丑人。他之所以会孤身犯险,是想把一个家族,乃至一个时代的精神延续下去吧!"

老师这回深深地点了点头。

影视讲吟诵　第十一讲

调和韵音

我们先来讲一个字：叶。你一定想到了叶子。繁体字里也有这个字，念"xié"。在繁体字里，"协""谐""叶"的意思是相近的，大概就是众人一起应和发声的意思，引申为调和、谐调。

中国诗歌讲究押韵，因为拥有相同韵母的字读起来更好听。如果会吟诵，并且能够熟练地掌握韵字拖长的吟诵技巧，会深刻地感受到韵字的意义。但是，字音是不稳定的，因为它是"活"的，人们每天都在说话，声调、音节会随着人们的说话习惯，以及朝代的更替、首都的迁移，或者是民族的融合而发生改变。所以，原本韵母一样的字，过了几个朝代，读起来就有了些差别，好像不押韵了一样。好在字形的发展是相对稳定的，人们还能通过字形读懂诗歌，那是否还要吟诵呢？不吟诵就感受不到韵律美，可是吟诵的话，到底是要用诗歌创作时的字音读，还是要用读者所在的时代的字音读呢？古代没有录音设备，诗歌创作时的字音往往留不下来，而用读者所在时代的字音读，许多字读起来就不押韵了，吟诵的意义何在？

南北朝时期，人们发现，周朝的诗歌读起来好像已经不押韵了。这是因为南北朝时期民族融合的情况比较复杂，大家的语音各不相同。于是，读诗的文人们使用叶（xié）韵，尽量把韵母不一样的字努力读得发音相近。这种做法到了宋代，朱熹将其发扬得更为盛行。

可是怎样才能把字音读得相近呢？基本方法就是改动读音，使得字音听起来差不多，到了明清时期，人们觉得这种随意改动读音的方式不可取，开始研究前朝文字的正确读音，尽可能用诗歌创作时期的字音去读，这样既能押韵，还能研究诗人用这个字音的目的，不会因为随意改动字音而弄错了诗人押这个韵的用意。

可见，叶韵读法自古有之，还有了一定程度的发展。到了今天，全国推广普通话，我们用古音去读诗已经不大现实了。当我们吟诵诗歌，拖长韵字的时候，就会觉得有些字读起来很别扭。所以我想出了一种既能体现古音的发音特征，又不伤害普通话发音的叶韵方式。

我们用本集故事中的这首颜真卿的诗《赠裴将军》来举例子。

> 大君制六合，猛将清九垓。
> 战马若龙虎，腾凌何壮哉。
> 将军临八荒，烜赫耀英材。
> 剑舞若游电，随风萦且回。
> 登高望天山，白云正崔嵬。
> 入阵破骄虏，威名雄震雷。
> 一射百马倒，再射万夫开。
> 匈奴不敢敌，相呼归去来。
> 功成报天子，可以画麟台。

这是一首五言古体诗，整首诗的偶数句押的都是"平水韵"里的"十灰韵"。灰韵往往给人一种大开大合之感，因为韵母有个开口音"a"，最后又回到闭口音"i"上。我们熟悉的《望天门山》《凉州词》都是押灰韵的诗。本首诗的字面意思也有大气的感觉，用灰韵押韵尤为合适。吟诵本首诗的时候要注意感受那份宏大的感觉，感情要饱满。吟诵到韵字的时候，一定要把从开口音到闭口音的特点表现清楚。开得要圆阔，收得要潇洒。

今天，"回""嵬""雷"三个字的读音，其韵母已经不是灰韵的"ai"了。如果完全按照普通话的读音来读，颜真卿使用灰韵的意图就被浪费了。如果把"回"读成"huái"，又违背了普通话的发音。因此，我想到的办法是"加音法"，先读"huí"，再把灰韵最突出的特征"ai"加在后面。于是"回"就读成"huíai"，"嵬"就读成"wéiai"，"雷"就读成"léiai"。需要强调的是，只在韵字上才这样读，其余地方不必如此。

虽然这样读起来比较麻烦，但可以既保证了普通话的读音，又读出了韵字的古音特征。我们可以在不违背普通话发音的前提下，边吟诵边体味颜真卿的豪情壮志了。你也来试试看吧！

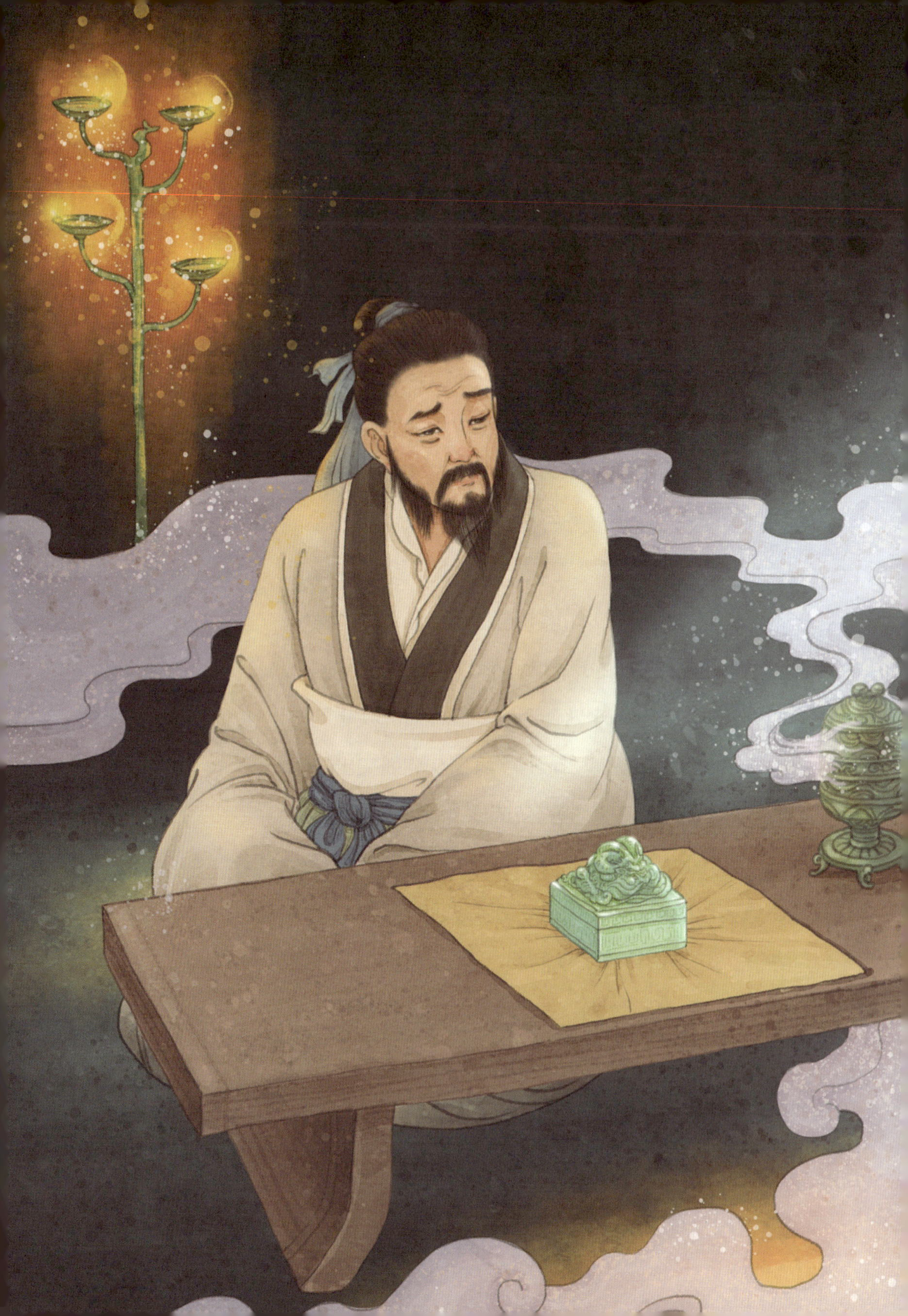

扫描二维码
听嘉兴的声音吧

第十二集

一方玉玺

无论怎样，都不能忘进学生会的初衷：纳子衿之言，行子衿之权。在学生会里，一切行为的出发点都是为了建设更好的校园。

《旧五代史》，薛居正等修撰，"二十四史"之一。主要记述了后梁太祖开平元年（公元907年）到后周显德七年（公元960年）共53年的历史。共150卷，按五代断代为书，含梁书、唐书、晋书、汉书、周书。另有《杂传》记述包括十国在内的各割据政权的史事。

《旧五代史》原名《五代史》，也称《梁唐晋汉周书》，后人为区别于欧阳修的《新五代史》而改称其为《旧五代史》。原书已佚，现行本是清乾隆时的辑本。

《新五代史》，原名《五代史记》，宋欧阳修撰，后世为区别于薛居正等官修的五代史，称其为《新五代史》。全书共74卷。欧阳修在写《新五代史》时删繁就简，相较于《旧五代史》，删去了不少史料，但《新五代史》为欧阳修一人撰写，故又有结构严谨，浑然一体，文笔简洁，叙事生动的优点。

——本集人物冯道，事迹见于《旧五代史·卷一百二十六·周书十七·冯道列传》、《新五代史·卷五十四·杂传第四十二·冯道列传》

· 212 ·

大家好，欢迎关注我的学习分享。

有一天，我问了老师一个问题："最近学生会的主席要换届了，如果换上来的人不好，您说我还要不要留在学生会？"

老师停了停他手里的活儿，对我说："你可以看情况。"

我则对老师说："如果这个人不好，我要不要帮帮他？"

老师则笑了笑说："非尔所及也。"我明白了，老师的意思是，如果遇到一个不好的领导，我很难改变他。

我于是走到老师面前坐下，托着腮问老师说："老师，这种时候您该讲故事了。就讲个能够在乱世中做官，还能独行其道的故事呗！"

老师不看我，依旧干着他手里的活儿并说道："很少有这样的人，乱世中要么归隐，要么做违心的事情，很难有人可以在朝堂上独行其道。"

我反问道："就没有那种能够游刃其中，坚持道义的人吗？"

老师依旧不看我，说道："没做好，被后世骂的倒是有，做好了的确实没有。"

我想了想说："那您讲个被人骂的例子，我看看我能不能不骂他。"

老师笑了，终于停下了他手里的活儿，对我说："好吧！给你讲个五代时期的人，看你怎么评价他。先表明态度，我是不看好这个人的。"

我很开心，因为可以听故事了，所以赶紧说道："好的，我先听听看。"

老师先问我说："五代是什么时期，你知道吗？"

我马上回答说："朱李石刘郭，梁唐晋汉周，都来十五帝，播乱五十秋。"

老师笑道："用《水浒传》里的话来记历史，你够聪明的呀！"

我也笑了，我背的这首小诗确实是从《水浒传》里看来的，不过它的作者却是北宋的邵雍。这首诗真的是高度概括了从唐朝灭亡到宋朝建立这五十年时间里北方的乱局——先后有五个姓氏的人做了皇帝，那就是"朱李石刘郭"，他们对应的朝代分别是"梁唐晋汉周"，也就是我们常说的"五代"。只不过历史上提起这五个朝代的时候都会在前面加上"后"字。最后，后周的政权被宋朝取代，这算是结束了五代时期。这五个朝代让中原乱了五十年，所以有"播乱五十秋"的说法。

我问老师说："您要讲的人物是这五个朝代里哪个朝代的？"

老师回答说："唐晋汉周。"

我说："四个朝代呀？"说着，我就掰着手指头算了起来。算了算之后，觉得这人也没什么了不起，"唐晋汉周"四个朝代加在一起也不过三十五六年。五代的特点就是每一个朝代都非常短，比如那个后汉，三年就灭亡了。

老师看出了我的不屑，继续说："这个人在这四个朝代做的全是大官，什么宰相、太师，他把顶级官员做了个遍。"

我惊讶地问道："老师，虽然五代的故事我并不十分了解，但也知道都是'我灭了你，他灭了我'的故事。上一朝的大臣怎么可能在下一个朝代还做高官？"

老师用讽刺的语气说："所以说这个人很圆滑世故，谁来当皇帝，他都能博其欢心。"

我赶紧问："这人到底叫什么？"

老师轻描淡写地说："冯道。"

我惊讶道："哦，我知道这个人，据说传国玉玺在他的墓里！"

老师看着我，笑着说："你这是从哪儿看来的野史？"

我很严肃地跟老师说："秦始皇不是得到了和氏璧嘛，他命人在和氏璧上刻上了'受命于天，既受永昌'八个字，希望代代相传，这就是传国玉玺啊！虽然秦朝没几年就灭亡了，但是历代皇帝都觉得拥有传国玉玺才算是正经的一国之君！后来，后唐的最后一个皇帝自焚而亡，传国玉玺就此失踪。有一种说法就是，传国玉玺很可能被冯道藏起来了。但他经历了这么多朝代都没拿出来，所以我估计他是带进墓里了。"

老师摇摇头说："你说得真是比野史还玄乎。"

我有点不甘心，对老师说："这样吧，您来说说冯道的故事，我们一起来分析一下，传国玉玺在不在他那里。"

老师笑了笑，清了清嗓子说："那我们就从后唐建国开始说吧。灭掉唐朝的朱温在晚年因为皇位继承的问题，被自己的儿子杀了。自此，后梁大乱，最后被沙陀人给灭了。"

我追问道："也就是说，'朱李石刘郭'中的'李'是沙陀人？这是西域的民族吗？那为什么姓李？"

老师解释道："沙陀人原本是西域突厥族的一支，后来归顺了唐朝。唐朝末年，他们帮助唐朝镇压过起义，所以唐朝的皇帝赐他们李姓和封地。朱温建立后梁以后，几个原来的唐朝节度使一直没有归顺，依然沿用唐朝的年号，自己当土皇帝，沙陀李氏就是其中之一。趁着梁末大乱，沙陀人李存勖占领中原自立为王。他说他是唐朝正宗的继承人，所以国号就叫唐了。历史上称之为后唐。"

我明白了，自言自语道："唐朝灭亡，传国玉玺就应该到了后梁皇帝的手上，后梁灭亡后又到了李存勖的手上。"我又接着问道："那冯道是怎么认识李存勖的呢？"

老师接着说："冯道原本就投奔了沙陀人的政权，他是个很有能力的人，李存勖称帝后，就让冯道做了很大的官。"

我不解道："冯道很有眼光啊，一开始就投奔对了人呀！"

老师抿着嘴笑道："李存勖晚年时喜欢上了唱戏，天天和戏子们在一起，而且听信谗言，把身边的亲信怀疑个遍。他有个忠心耿耿的干儿子，叫李嗣源，也受到了他的猜忌。李嗣源无奈之下起兵自保，李存勖准备亲征讨伐他，可是自己手下却先反叛了，一把火烧了都城大门，李存勖也被乱箭射死了。李嗣源打进都城，杀光了叛臣，自己做了皇帝。"

我自言自语道:"这么说,传国玉玺现在到了李嗣源的手里。那冯道呢?"

老师说:"李嗣源进了都城就问大家,当年先帝特别喜欢的冯道在哪里,他要任用冯道做宰相。冯道接受了这个职位。"

我想了想说:"嗯,李存勖不是李嗣源杀的,冯道这也不能算是投奔了仇人。那李嗣源又是个什么样的皇帝呢?"

老师很认真地说:"李嗣源是个好皇帝,甚至可以算是五代时期最好的皇帝了,有了冯道的辅佐,在他的统治时期,后唐差点就实现小康社会了。"

我听完后感慨道:"看来冯道确实有治国之才呀!"

老师也点点头:"从这个角度来说,确实如此。而且冯道和李嗣源关系很好,李嗣源看到国家安定了,百姓富有了,就开始沾沾自喜。对此,冯道还劝他要谨慎小心,因为成功来之不易。李嗣源曾经问冯道:'丰收对百姓来说,是不是大好事?'冯道说:'这也不一定。稻谷贵了，农民卖不出去，赚不到钱，就会饿肚子；丰收的时候，稻谷便宜了，农民赚到的钱太少，过得也不好。'冯道还给李嗣源吟诵了一首诗，是当时一个举人所写，诗中哀叹农民生活的不易。李嗣源很感动，命人抄录下来，并时常自己诵读这首诗。"

听完这段故事，我觉得这对君臣也算是在历史上留下一段佳话了，于是评价了一句说："这传国玉玺在李嗣源手上倒也不错嘛。"

老师笑着对我说："你怎么老想着那传国玉玺，传国玉玺该给别人啦！"

我赶紧问道："该给李嗣源的儿子们了吧？他的儿子们怎么样？"

老师摇摇头说："他的儿子们都不怎么样。李嗣源病重，儿子们就带兵来逼宫了，虽然被镇压了下去，但是李嗣源也受到了惊吓，死在了病榻上。他的小儿子李从厚当了皇帝。但这孩子不懂朝政，控制不住那些胡作非为的大臣，于是天下又乱了。这时，李嗣源的养子李从珂起兵打到首都，李从厚于是干脆跑掉了，留下一群

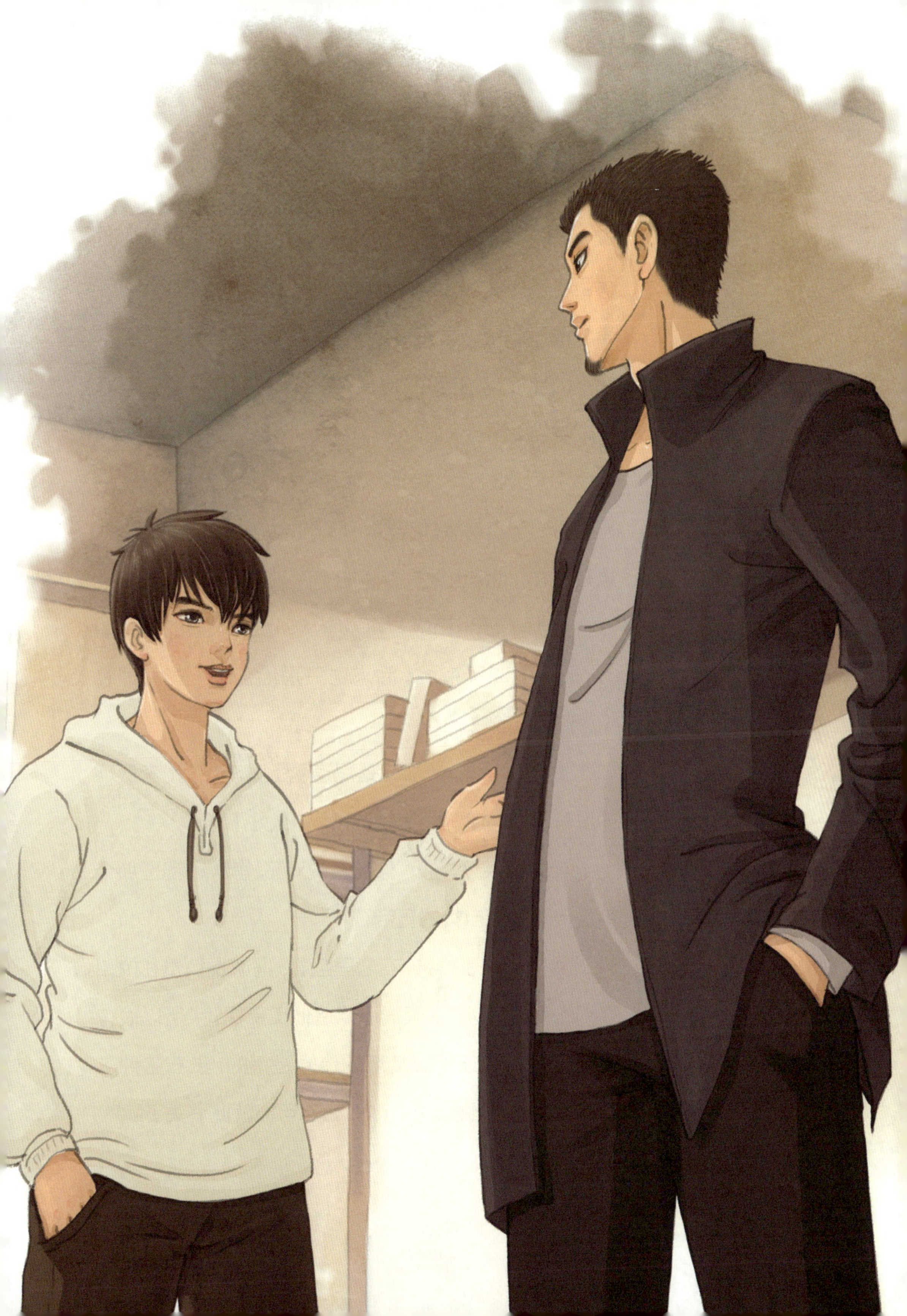

大臣不知所措。冯道此时看情况不对，于是跟大臣们说李从厚不适合做皇帝，应该赶紧迎立新帝。有的大臣非常不齿他这样的行为，冯道则劝大家要务实。最后李从珂成功当上了皇帝。"

我马上说道："老师，我觉得可不可以这样认为，冯道看出了李从厚的无能，所以主动迎立了李从珂？如果是这样，他这也算是务实的态度。"

老师笑了一下说："可是李从珂废了冯道的宰相职务，把他调离了京城。后来也只是给了他一些管理礼仪、祭祀的官做。"

我想了想说："那就是冯道看上了李从珂，李从珂却没有看上冯道。我猜李从珂没什么好下场。"

老师又笑了，说："你还真说对了，李从珂就是那个带着传国玉玺自焚的皇帝。"

我立刻来了精神，在心里盘算：冯道是负责礼仪和祭祀的官员，传国玉玺很可能是他负责保管！所以很有可能历史上说玉玺被焚烧的传闻是错的，玉石这种东西得多大的火才能烧没了呀！怎么可能就此消失了呢？

老师见我不说话,于是问我道:"还想着传国玉玺呢?要是真在冯道那里,他为什么不给下一个皇帝呢?"

我回过神来,接着问老师:"对了,下个皇帝是不是就是那个臭名昭著的石敬瑭?"

老师点点头说:"对,他是李嗣源的女婿,当年就是他逼着李嗣源拥兵自保的。石敬瑭也是有地盘和军队的人,但他和李从珂有过节,他求助北方的契丹人,答应割地和称臣认父,借助契丹的力量灭了后唐,建立了后晋。"

我接过老师的话说:"这样的人当了皇帝,冯道当然不能把传国玉玺给他了!"

老师看着我说:"你还真认为传国玉玺在冯道手里呀。我问你,冯道此时是不是该归隐起来?但是石敬瑭要任用他做宰相,他也接受了!"

我看着老师,说出了自己的看法:"老师,大隐隐于朝。"

老师愣了,看着我问道:"此话怎讲?"

我正了正身子，认真地说："您说过，归隐是因为天下无道，有道之士为了坚守心中的道义，不得不归隐起来。也就是说，归隐不过是种形式，目的是坚守正确的思想。像石敬瑭这样的人，多危险呀！他为了自己的利益，说不定会把整个中原都卖给契丹。一个心怀天下的儒士就这么归隐了，能放心吗？好在石敬瑭看得起冯道，让他做宰相，这是天赐良机呀！冯道在他身边，找机会做点对的事多好呀！"

老师看着我，笑着说："你思考问题的角度真是独特。"

我也笑着问老师："您觉得我说得对不对呀？或者您说说冯道在后晋时期做过什么还不错的事儿吧！"

老师想了想说："他代表后晋出使契丹了。"

我赶紧接过话来说："您看，我就觉得后晋和契丹的关系最让人担心了，冯道出使契丹应该就是去调和两国关系，让后晋能稳定发展吧。"

老师笑了笑又说："石敬瑭临死的时候，把小儿子交给了冯道，让他一定要拥立这个小小儿子为皇帝。可是，冯道最后却立了石敬瑭的一位养子为帝了,而这位养子最终葬送了后晋王朝。"

我知道老师这么说,是想证明冯道无识人之能,不过是为了利益,随便拥立了一位可能对自己有好处的国君。我先不反驳,因为我也不知道冯道为何不遵从石敬瑭临死时的决定,于是我问道:"老师,谁把后晋王朝灭掉了?"

老师回答说:"契丹。"

我不能理解了:"后晋不是跟契丹称臣了吗?为何还会被灭掉?"

老师说:"石敬瑭的这位养子很有志气,他称帝后,不想再向契丹称臣,就跟契丹打了起来,还打了胜仗。可是后来他手下的重臣投降契丹,最终后晋还是被灭掉了。"

我一下子想明白了:"老师,这还不明显吗?冯道看上的就是这位养子的骨气呀!"

老师看着我,停了一下继续说:"契丹的皇帝占领中原后,也找来了冯道,问他天下百姓如何才能得救。

他说，就是佛祖来了也救不了，只有皇帝您能救。他自己这会儿怎么却没骨气了？"

我赶紧回答道："这很简单，为什么冯道要选有骨气的皇帝，因为要保全中原百姓呀！现在契丹皇帝来了，冯道要是还硬顶撞，中原百姓也会跟着倒霉。他对契丹皇帝这么说，便是要保中原百姓呀！大丈夫能屈能伸嘛！"

老师笑着说："中原百姓可比他有骨气多了，一起反抗，愣是把契丹皇帝给逼走了。"

我补充道："没有冯道一开始的保护，中原百姓的反抗又怎么可能实现呢？"我一转念，契丹走了中原不就没政权了吗？于是赶紧问道："梁唐晋汉周，下面该到后汉了吧？"

老师点点头说："太原有个军阀叫刘知远，趁机占领了中原并称帝。因为姓刘，便以刘邦、刘秀的后裔自居，将国号定为汉，历史上叫后汉。冯道等人本来是要被契丹的皇帝带回契丹的，但在回去的途中，契丹的皇帝死了，于是，冯道组织大家又辗转回到了中原。后来，刘知远又请冯道做后汉的大官,冯道也答应了。"

我对老师说道:"这不能怪冯道吧?再怎么说中原也算是劫后余生!刘知远出来稳定乱局,冯道还是该支持他的吧!那这个刘知远怎么样呀?"

老师撇了撇嘴说:"后世对他的评价是'未见其德',意思是说他没什么本事。他管束不了手下的官员,任由他们胡作非为。他的儿子刘承祐就更愚蠢了。后汉有个大将军叫郭威,打仗很有能耐,不仅平定了叛乱,还打败了契丹。当时刘知远已经继位当了皇帝,他害怕郭威,准备派人刺杀在外带兵打仗的郭威。郭威闻讯后只能造反。可刘知远居然使了个昏着儿,把郭威在京城的家人全杀了,连郭威还在襁褓中的儿子也没放过。"

我猜测道:"后汉就灭在这愚蠢的皇帝的手里了吧?朱李石刘郭,最后一个朝代后周的建立者就是这个郭威吧?我猜冯道又投奔了郭威。"

老师点点头说:"要说郭威还真是不错。你看,他也是武官出身,但是他致力于改变五代时期士兵那种没文化,只知道争斗的丑恶形象。他重用文官,为人特别谦逊，修缮孔庙，尊重儒家文化，减轻老百姓的负担，组织生产，治理水灾……就这样，后周建立不久，国家就出现了欣欣向荣的景象。"

我很得意地说："看来冯道投奔他算是投奔对了！"

老师点了点头，然后问我说："后面的历史你是不是就清楚了？"

我马上道："是的，郭威把皇位传给了自己的干儿子柴荣，柴荣也是个很有能力的皇帝，只可惜很年轻就死了。对了，冯道也辅佐了柴荣吗？"

老师说："柴荣继位没多久，冯道就去世了。他当时负责修建郭威的陵墓，郭威刚入葬，他就去世了。"

我没说话，想了很久才对老师说："老师，虽然没有证据，但我觉得冯道确实很可能把传国玉玺带进了自己的墓中，或者把它毁掉了。"

老师表现出好奇的样子，对我说："愿闻其详。"

我却笑着对老师说："您先把冯道推荐给李嗣源的那首诗说给我听。"

二月卖新丝，五月粜新谷。
医得眼前疮，剜却心头肉。
我愿君王心，化作光明烛。
不照绮罗筵，只照逃亡屋。

这便是五代人聂夷中创作的《咏田家》。

诗的前两句说，二月份要卖丝，五月份要卖稻谷。乍一看这有点说不通，因为二月份是刚开始养蚕的月份，哪儿来的丝？五月份稻谷也未成熟，怎么可能卖呢？再一想就明白了，农民还没开始劳作，东西就已经被抵押了出去。但这可不是什么好事儿，因为百姓是迫于生计，不得不把还没成熟的东西就先抵押出去。所以这首诗接下来的两句做了个比喻，说这是用刀挖掉心头好肉，来补眼前的烂疮。意思就是说这都是没办法的办法，得不到任何好处却又不得不做。所以后四句诗转而劝诫皇帝，希望帝王之心，化作光明的烛火，不照那豪华筵席，只照灾民空屋。就是劝皇帝要多关心穷苦的百姓。

听完这首诗，我一股脑儿说出了自己的分析："老师，我不觉得冯道圆滑，反而认为他有独立而不移的精神。儒家说，一个儒士的任务就是道济天下。再也没有像五代这样需要儒士拯救天下的时期了。我觉得在冯道心里最好的国君可能是李嗣源，但是他的儿子们实在不争气。冯道或许藏起了传国玉玺，以等待明君出现，可是后来的皇帝一个个不是卖国求荣就是愚蠢透顶，不配做皇帝。但百姓需要稳定的国家，冯道怎么能离去，撒手不管呢？他承载着传国玉玺给他的使命呀！他在夹缝中伺机做着一些拯救苍生的事情，这绝对不能说是圆滑呀！"

老师认真听我说完，然后问我道："如果传国玉玺真在冯道手上，他为什么不把它交给郭威？"

我马上说："这个问题我也想过了。我觉得，冯道的心或许一直在后唐，因为他认可李嗣源，觉得他是个好皇帝，又或许他看到了太多的杀戮与争权，觉得传国玉玺根本没有实际的意义。一心为天下苍生才是根本！再或许，冯道主持修建郭威的陵墓，他把传国玉玺放进了墓里也未可知，因为他不想再看到有人为了这个玉玺而逐鹿中原，鱼肉百姓了。"

老师接着我的话说："看来，冯道这样的人才是真正有价值的'传国玉玺'。"

我凑到老师跟前说："您是不是又套我话呢？您其实早就有这样的观点了，对不对？"

老师摇摇头，不置可否，却对我说："希望无论学生会的主席换成谁，你都不会忘记自己进学生会的初衷——纳子衿之言，行子衿之权。你要记住，在学生会里，一切行为的出发点都是为了建设更好的校园。"这回轮到我重重地点了点头。

叶嘉莹讲吟诵 第十二讲

断续而吟

入声字应该怎么读呢？短读、重读。

入声不能读成轻声，入声的特点是短促有力。这种古老的发音方法，在某些南方方言里还存在。我认为，我们用普通话吟诵入声字的时候，只要模拟出"短促"这个最大的特征来就好。

举个例子来说，有人认为入声字"白"，应该读成"bò"。但是如果你去问广东人、福建人，你会发现在他们当下的方言里，"白"也已经不是这么发音了。

所以，我认为"白"还是该读"bái"，只要读得短就好了。我们毕竟不是古人，我们读诗是为了更好地服务于今天的学习和生活。所以，抓住字音特征，理解诗人使用入声字的目的就够了。入声短促有力，往往表现决绝、哀伤、轻巧等意思，总之都与短促带来的感觉有关。所以在普通话发音的基础上将字音读短，就算是把入声的本来面目尽可能地还原了。

如果入声字是韵字，是应该拖长来读还是短促有力地读呢？我觉得还是应该短促有力地读。因为诗人之所以选择入声作韵，看上的就是其发音短促的特点，所以，每一句话读到结尾的时候短促有力一些，正好可以表现诗歌的主情调。

本集故事里的那首《咏田家》就是押入声韵的诗歌。

> 二月卖新丝，五月粜新谷。
> 医得眼前疮，剜却心头肉。
> 我愿君王心，化作光明烛。
> 不照绮罗筵，只照逃亡屋。

本首诗是一个举人的大声疾呼，从内容上来看，它表现的是一个儒士的济世之心。五代是纷乱的时期，很多有识之士都将提议写进了诗歌里。或许冯道当时就是将此首诗用吟诵的方式念给李嗣源听的，也或许正是这入声的短促有力打动了李嗣源。

不过古体诗的吟诵讲究连贯。因为古体诗往往是几句一组，表达一个完整的意思。所以，我们在吟诵古体诗，尤其是五言古体诗的时候，完全可以一口气读完几句，中间不停。在吟诵的时候，韵字一拖长，就能把上下句连在一起了。

可是押入声韵的古体诗，吟诵的时候要如何做到这一点呢？有一种方法叫"断续吟"。即读到入声字的时候先停顿一下，之后再拖长尾音。之所以要先停顿一下，是为了表现入声的特征和诗歌的主情调。之所以要拖长尾音，是为了进行连贯的表达。而且这样显得尾音悠扬，能让吟诵者在这婉转的声音中寻找诗歌所要表达的复杂情感。

那是否每一个入声字都需要这样用断续吟的方式来读呢？或许没有必要。这样反而显得刻意，也失去了入声字最突出的特征。所以，我认为断续吟的方法只要用在结尾的韵字上就可以了。

当然，不同的诗歌表达的意思也不尽相同，还是要根据诗歌表达的具体意境决定是否需要这样处理入声韵。

在本集音频里，嘉兴就是用断续吟的方式来处理这首诗的入声韵。你听完后觉得怎么样呢？你也来试试看吧!

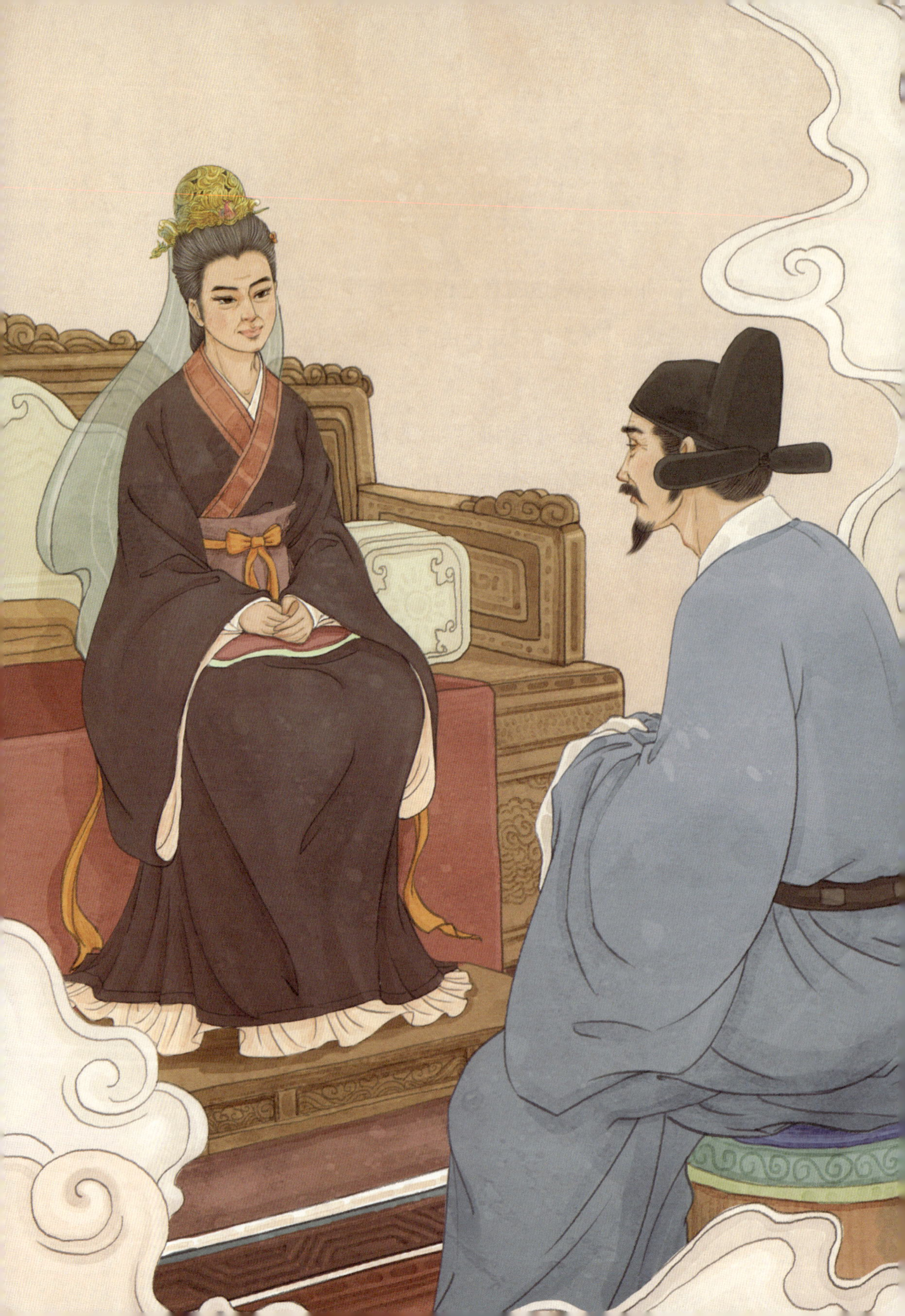

扫描二维码
听嘉兴的声音吧

第十三集 一朵迎春

韩琦在朝廷中如此强势，不过是想做个『先行者』，他希望大家都提出独到的看法，最终得出合适的解决方案，使天下更好地向前发展。

《宋史》，元代脱脱等修撰，「二十四史」之一。它主要记述了从北宋建隆元年（公元960年）到南宋祥兴二年（公元1279年）共319年的历史，共496卷。

《宋史》由于成书时间短，且时值元朝灭亡前夕，因此编纂得较为草率，对史料缺乏认真鉴别考订，全书的结构也比较混乱。因此后代史学家对《宋史》多有诟病，称其「堪查不堪读」。但《宋史》体例完备，纪、传、表、志俱全，而且卷帙浩繁，保存了大量的原始史料，叙事详尽，有其不容否定之处。后世有众多对《宋史》的修订之作，虽然各有其长处，但却不能取而代之。

——本集人物韩琦，事迹见于《宋史·卷三百一十二·韩琦列传》

大家好，欢迎关注我的学习分享。

新学期到来，初一年级推荐了一些新生来旁听学生代表大会。会上，校长向学生代表们传达学校的工作，听取学生委员会对学校建设的意见。会议结束后，我受学生会主席的委托去和新生代表们聊聊感想。

他们居然对我说："没想到学生可以怼校长和怼老师呀，真爽！"说着，他们就蹦蹦跳跳地走了。我看着他们的背影，感到很无奈。

我把这件事情告诉了老师，说："是不是不该让初一的新生旁听这样的会议？他们还不明白给学校提出建设性的意见并不是怼校长和老师。"

老师笑着说："你这不过是换了个说法而已。"

我很严肃地说："这怎么只是换了个说法呢？"

老师一看我不高兴，于是很认真地对我说："那你说说这二者的区别。"

我说："提出意见是为了建设校园；怼，那不过就是为了不同而不同，胡说八道而已。"

老师换了一种更严肃的语气跟我说："你提到了二者的区别，在我看来，你就是换了种说法，表达得更准确了。但是，我看到的是二者的相同点，就是作为学生也是可以给校长和老师提出不同意见的。需要注意的是，我们如果没有证据，不要随便说人家是故意胡说八道。我倒是觉得，让新生代表先知道一切是可以怼的，这很重要。以后再教育他们，怼什么，怎么怼。"

我有点迷惑，继续问老师："如果一切都是可以怼的，不会造成混乱吗？"

老师回答道："你要相信层层选拔上来的学生委员会成员都是有素质的人，他们不是来捣乱的。而且，校方领导可以选择接受意见或不接受意见，所以，这不会造成混乱。但是，如果连反对意见都不能提，学生没有上传意见的正确渠道，怨言就会在学生间胡乱传播，这才会造成真正的混乱。"

我低头认真思考老师说的话,忽然想到一件事,于是问老师说:"我听说宋朝有条祖训,叫'我朝不以言语罪大臣',是开国皇帝赵匡胤立的,为的是告诫子孙不能因为官员的言论而怪罪他们,这是真的吗?"

老师点点头说:"赵匡胤确实说过类似的话。所以大家总说宋朝是古代文官们向往的朝代。"

我凑近老师说:"那您就讲个宋朝特别敢怼皇帝的官员的故事吧!"

老师想了想说:"好吧,那咱们就来说说一个叫韩琦的人吧!"

我迫不及待地问:"您先直接说一个他怼皇帝的故事,我看看他有多厉害。"

老师想了想,说:"韩琦四十多岁的时候被派到并州做官,并州的位置大概就在今天的山西太原,他一上任就先惩办了一位当地的走马承受。"

我赶紧问道:"走马承受是什么官?"

老师解释道:"这就相当于是一个公开了身份的特务,是皇帝派来监察官员的人,他可以直接向皇帝汇报工作。并州这个地方，在宋朝属于边塞，驻守这里的官员有军权，所以皇帝不放心，安排了一个太监当走马承受负责监督。你想，这种人，你如果不伺候好他，他很可能到皇帝面前说你坏话。所以，许多边关将士就来巴结这位太监，他收了很多贿赂，还在边关胡作非为。但是韩琦不怕他，一上任就给宋仁宗去了封信，告诉皇帝这位走马承受的斑斑劣迹，让皇帝把这个太监调回京城，不然就要把他在当地处置了。"

我感叹道："嚯，这可是够横的。宋仁宗怎么做的呢？"

老师继续说："宋仁宗马上调回了这位太监，还对他施以了鞭刑。"

我说："也不知道为什么，好像在当时，这些文官都特别不喜欢太监。"

老师解释道："这或许有很多原因，但有一点很重要的是，太监想的是对皇帝负责，官员们想的是为天下负责。一个是对上负责，一个是对下负责。"

我不明白了，问道："皇帝是天下的主人，对天下负责不就是对皇帝负责吗？"

老师摇摇头说："皇帝也是人，他一个人不可能伟大到什么都清楚，什么都明白，他也是会出错的，这就体现官员存在的重要性了。官员们亲自处理大事或小事，看见了天下的各种疾苦，所以他们可以根据现实情况给皇帝提出建议，让皇帝更好地治理天下。但是太监平时只负责伺候皇帝，他们很容易成为那种只会揣测皇帝意图、只会巴结皇帝的人，而不管天下人的安危。"

我点点头，问老师："难道官员就都是好的，没有那种只对上负责，不对下负责任的官员吗？"

老师笑道："当然也有。不过这些人遇到韩琦就麻烦了。"

我追问道："韩琦到底当的什么官呀？他怎么这么厉害！"

老师回答我说："韩琦三十岁的时候就当上了谏官，就是专门负责给国家提建议的官。那一年，国家闹天灾，老百姓流离失所。韩琦上书皇帝，认为宰相、参政知事等四个人是废物，国家出了问题都是因为他们不作为。韩琦说，大宋王朝开国都八十年了，一直太平，现在出了这么大的事，不换掉这些不作为的官，国家就完了。因为这一封奏折，四个大臣全部下台了。历史上管这件事叫'片纸落去四宰执'。"

我惊叹道："这可是够厉害的！三十岁的韩琦就已经做出这么大的事啦？"

我一转念，继续问道："老师，您刚才说，韩琦当官的时候，皇帝是宋仁宗，那不是个历史上出了名的脾气好的皇帝吗？韩琦之所以敢这么强势地给朝廷提意见，是不是因为他遇上了一个好皇帝？"

老师笑着说："宋仁宗确实脾气好，大臣们经常批评他，他也不生气。所以，如果你说是因为宋仁宗的脾气，使得整个官场都有了直言的气氛，也是可以的。可是韩琦的直谏绝对不是只针对宋仁宗。"

我一听老师这么说，就知道他还有更劲爆的故事，于是赶紧坐好，听老师继续说。

老师换了一种语气，接着说："宋仁宗的死是非常突然的。他晚年时身体状况一直不好，有一天却突然好转,大臣们都上表祝贺,结果到了晚上他的病情恶化,太医也救不了,半夜就去世了。可是,宋仁宗的曹皇后,这时候应该称为曹太后了,居然做了件很奇怪的事,她让人锁住宫门,无论是大臣还是太子都只能第二天入宫商讨大事。"

我不解道:"这是为什么?"

老师继续说:"这至少说明两件事。第一,这位曹太后是个狠角色;第二,她不信任大臣,也不喜欢太子。"

我更加不解了,问:"她为什么不喜欢太子?"

老师回答道:"因为太子不是宋仁宗的亲儿子。"

"什么?"我非常惊讶。

老师继续说:"宋仁宗脾气好,其实主要体现在立太子这件事情上。宋仁宗一直没有儿子,大臣们时不时地就把这事儿拿出来说,提醒宋仁宗得赶紧确定下一任皇上的人选。宋仁宗年纪越来越大,对有儿子这件事也不抱希望了,于是,最终立了他早年抱进宫里养的侄子,也就是后来的宋英宗赵曙。赵曙知道自己不受待见,所以一开始就拒绝当太子,直到让他继位当皇帝的时候他还说不敢。他提议自己去给仁宗皇帝守孝三年，把天下大事全都交给韩琦管理。"

我赶紧问："那韩琦怎么说？"

老师紧接着说道："当然是断然拒绝呀！不过，赵曙当上皇帝后不久就病倒了。"

我觉得这事儿很奇怪，马上问道："这会不会是曹太后搞的鬼？"

老师说："应该不会，曹太后是个很有见地的女子，而且赵曙从四岁起就被养在后宫了，曹太后不喜欢他是有可能的，但还不至于害他。赵曙当皇帝前，他的身体状况就不太好，当上皇帝后，他和曹太后的关系不好，很可能加重了病情。"

我问："这回是不是真得要韩琦来主持朝政了？"

老师摇摇头："韩琦不会这么做的，他劝曹太后出来垂帘听政了。"

我说道："如果为天下着想，太后此时出来垂帘听政也是对的。"

老师表扬我说："你看，你这就是对下负责的心态。"

我反问道:"那对上负责应该怎么做呢?"

老师说:"对上负责的人,就会揣测曹太后是不是喜欢权力,此时应该说点什么才能巴结太后呀!"

我苦笑了一下说:"挑拨太后和皇帝的关系?"

老师点点头,说:"当时有人跟曹太后说,皇帝有可能做不利于曹太后的事。曹太后一方面觉得赵曙实在不怎么样,一方面也感到他对自己的威胁。"

我警惕道:"这会出乱子吧!对了,韩琦呢?"

老师笑道:"你也知道此时韩琦该站出来了吧!他直接跑到太后面前怼了起来。"

我好奇地问:"怎么怼的?"

老师清了清嗓子说:"韩琦来到曹太后面前,说:'皇上之所以登基以来表现不佳,那还不是因为身体不好吗?儿子身体不好,当妈的就不能容忍一下?而且,太后您可别忘了,您是皇上的养母,您不喜欢皇上这事儿要是传得天下皆知,那老百姓会怎么评价呢?'"

我惊讶道:"这也太强了吧?不是亲生母亲这样的话都直接点出来啦?"我又突然想到,难道没有人去赵

·247·

曙那边"对上负责"吗？于是问老师道："赵曙那边儿就没啥动静？"

老师说："当然有。有人反复提醒赵曙，说太后对他完全不讲恩情。"

我赶紧说："韩琦还得去接着怼皇帝。"

老师笑道："韩琦跟赵曙说的话就更直接了。韩琦问赵曙，您知道为什么舜的孝行最伟大吗？因为他父亲不喜欢他，他的母亲是继母，即便如此，舜依然很孝顺，这就叫'大孝'。后来舜的父母被他的孝心感动，也对他很好了。而现在太后之所以对您的态度不好，那是因为您作为儿子，该做的事根本就没做到！"

我倒吸一口凉气说："韩琦把话说得这样重，还真是厉害呀！后来这母子俩的关系好了没有？"

老师点点头说："后来他们的关系缓和了，赵曙的病也逐渐好了。"

我叹口气道："哎，这回天下该太平了吧！"

老师摇摇头说："新的问题又来了，太后垂帘听政，迟迟不提还政于皇帝的事情，她掌握着玉玺和其他

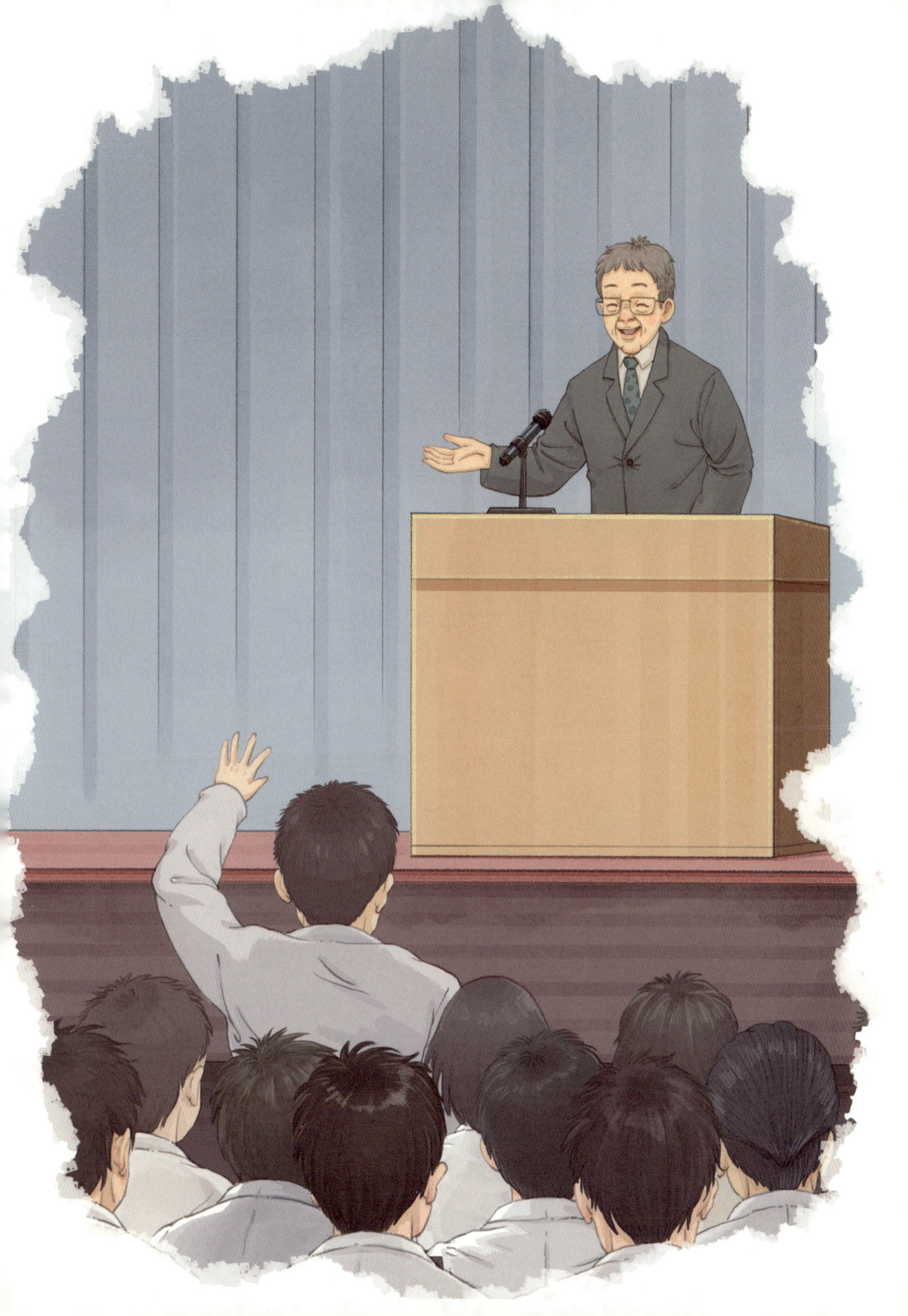

一些重要的东西，皇帝没有实权，形同虚设。"

我无奈道："曹太后本来就看不上赵曙，她要是始终不还政，韩琦能怎么办？"

老师继续说："韩琦想了个绝招。当时天下大旱，韩琦就提议让赵曙到郊外去祈雨。大病初愈的皇帝第一件事就是为天下祈雨，百姓得多喜欢这位皇帝啊！而且，祈雨仪式需要用到玉玺等礼仪用具，这不就正好把这些东西从曹太后那儿拿过来了吗？"

我赞叹道："这招儿太绝了。不过，祈雨回来他们打算怎么办？"

老师回答说："祈雨回来后，韩琦就去找太后'汇报工作'了。他跟太后说，沿路的百姓都山呼万岁，看来皇帝很受爱戴，请太后放心。"

我听出了这话的端倪，韩琦在暗示太后还政，不知道她会作何反应。于是我等着老师继续说下去。

老师说："曹太后一看，韩琦没把借走的玉玺拿回来，还说了这样的话，于是她什么都明白了，只感叹了一句，'让我垂帘的是你，让我撤帘的还是你'，最后她就撤帘还政了。"

我评价说："曹太后肯定明白，韩琦只是觉得赵曙之前身体不好，不适合理政，因此必须有人主持大局，才让她垂帘听政的，并不是觉得曹太后比皇帝强。"

老师表扬我说："你说得太好了。宋朝的文官说话很有分量，太后和皇帝都愿意听取他们的建议。"老师又接着说："赵曙亲政后不久又生病了，在韩琦的建议下，赵曙立了自己的儿子赵顼为太子。不久后赵曙去世，赵顼登基，他就是宋神宗。"

我惊叹道："宋神宗？这就是支持王安石变法的那位皇帝吧！我听说王安石变法遭到了很多人的反对，但他很强势，坚持变法。王安石碰上韩琦，他们俩都那么强硬，朝廷可要不平静了。"

老师马上说："韩琦此时不在朝堂上，他被调到地方上去当官了。"

我不解道："为什么？宋神宗不喜欢他？"

老师摇摇头："因为有人诬告他，说他把持朝政，做事太独断，大家都要搞不清楚谁才是皇帝了。宋神宗把诬告他的人治了罪，但是韩琦还是主动请辞了。"

我笑道："这老头怎么还犯脾气了？"

老师却说："皇帝不能做到万事周全，难道大臣就可以吗？朝堂上应该有更多的声音，大家一起献计献策，如果大家认为有权臣把持朝政，那就没有人敢轻易提出意见了。"

我明白了，韩琦真的是一心为国的，他的怼，全是为了"对下负责"，他也希望有更多"对下负责"的人出现。当他发现自己居然要成为国家发展的绊脚石的时候，就主动请辞了。

老师看我不说话，补充道："韩琦作过一首诗，很能表现他的内心。"

霜阑纤弱绿条长，
带雪冲寒折嫩黄。
迎得春来非自足，
百花千卉共芬芳。

这便是韩琦创作的《迎春》，一首歌颂迎春花的诗。不过古人的咏物诗都是"别有用心"的，往往用来影射社会上的人和事。

这首诗也不例外。迎春花纤弱细长的绿色枝条覆盖在栏杆上，忍受早春的雪压断了它嫩黄的枝芽。它之所以早早地开放，绝不是为了满足自己的独特需求。它知道百花千卉共同散发芬芳时，才是春天真正到来的时刻，它只是冒险做个先行者。

这迎春花简直就是韩琦的写照，他在朝廷中如此强势，不过是想做个先行者，他希望大家都提出独到的看法，不断争论，最终得出合适的解决方案，使天下更好地向前发展。

我对老师说："我猜韩琦一定与王安石有很多争论，有空的时候您再给我讲讲细节吧！我得去找那几个新生聊聊了。他们已经知道可以怼，现在我该跟他们谈谈为什么怼了。"

老师笑了。

电视讲吟诵 第十三讲

节奏变化

吟诵近体诗，讲究慢。平声韵字可以拖长读，还可以将尾音读得悠扬，同时有关键点的平声字也要拖长读。因此，一句话最终可以读得很长很慢。如果是七言近体诗就更是如此了。

近体诗在短小的篇幅中蕴含了复杂而深刻的含义，起承转合间有精妙的设计，吟诵得慢一些，就可以细细地品味诗人凝练在字里行间的韵味。

霜闇纤弱绿条长，
带雪冲寒折嫩黄。
迎得春来非自足，
百花千卉共芬芳。

这是本集故事中提到的韩琦的诗。本首诗的韵字均为开口音，并且韵尾是"ng"。这样的发音听起来本来就比较长，再额外拖长就更能体会到韩琦直爽的性格和坦荡的胸怀。所以吟诵本首诗时，不需要一气呵成，要将每一句的结尾都尽情地拖长来读，在延长的尾音中去体会和感悟。

　　本首诗每句都有入声字，因此，吟诵起来从头到尾都有顿挫之感，让我们意识到，这首写春天的诗并非要歌颂春天的美好。古诗往往都是借物喻人、喻事的，韩琦用迎春花来形容君子，赞扬他们那种不怕恶劣环境、甘于献身的品格。所以，吟诵的时候要注意突出入声的短促感，另外，本首诗的入声字都不是韵字，因此，不必断续而吟。

　　入声字的读法通常有两种，一种是读到入声字时停顿一下，就像遇到音乐中的休止符一样，要空一拍。另一种读法是将入声字连着后边的字读，很快但很重地带过。这两种读法会给吟诵带来不同的节奏感。

　　本首诗第一句是"覆阑纤弱绿条长"。"纤弱"是迎春花的外形特征，用"弱"的形象与后面的"雪"的严寒做对比，更能表现君子那种不畏艰难的品格。"弱"是入声字，读到这里停顿一下，可以给人思考的空间，这或许是韩琦使用入声字的目的。"绿"要与后面的"条"连着读，因为"绿条"是一个词，不宜拆开。在王安石那句有名的"春风又绿江南岸"中，"绿"是活用为动词的特殊词汇，是这句诗的眼睛，读时需要停顿。本句中的"绿"或许可以让诗歌的颜色明亮起来，表达君子鲜明的色彩，但是并不包含多么独特的含义，因此，读时不需要停顿。

第二句是"带雪冲寒折嫩黄"。"雪"和"折"都是入声字，吟诵到"雪"字时，适当停顿一下，强调"雪"的寒冷及暗示人世间的磨难。而"折"字就不适合停顿而读了，因为"折嫩黄"是一个短语，需要连读，这样才能感受到君子受到的伤害。

第三句是"迎得春来非自足"。"得"和"足"是入声字，但前四个字适合一口气读下来，因为"春来"才是君子的最终目标，中间不宜停顿。最后一个字"足"适合停顿，从而引得人去思考：把春天迎来了不是为了自我满足又是为了什么呢？

最后一句"百花千卉共芬芳"的入声字最少，只有一个"百"字。这句话是美好的大结局，适合流畅地读下来，且"百花"是一个词，也不能从中间断开。再者，本句作为本首诗起承转合的合，也应该一口气读下来。

你也跟着嘉兴的吟诵音频，试着自己读一读吧！

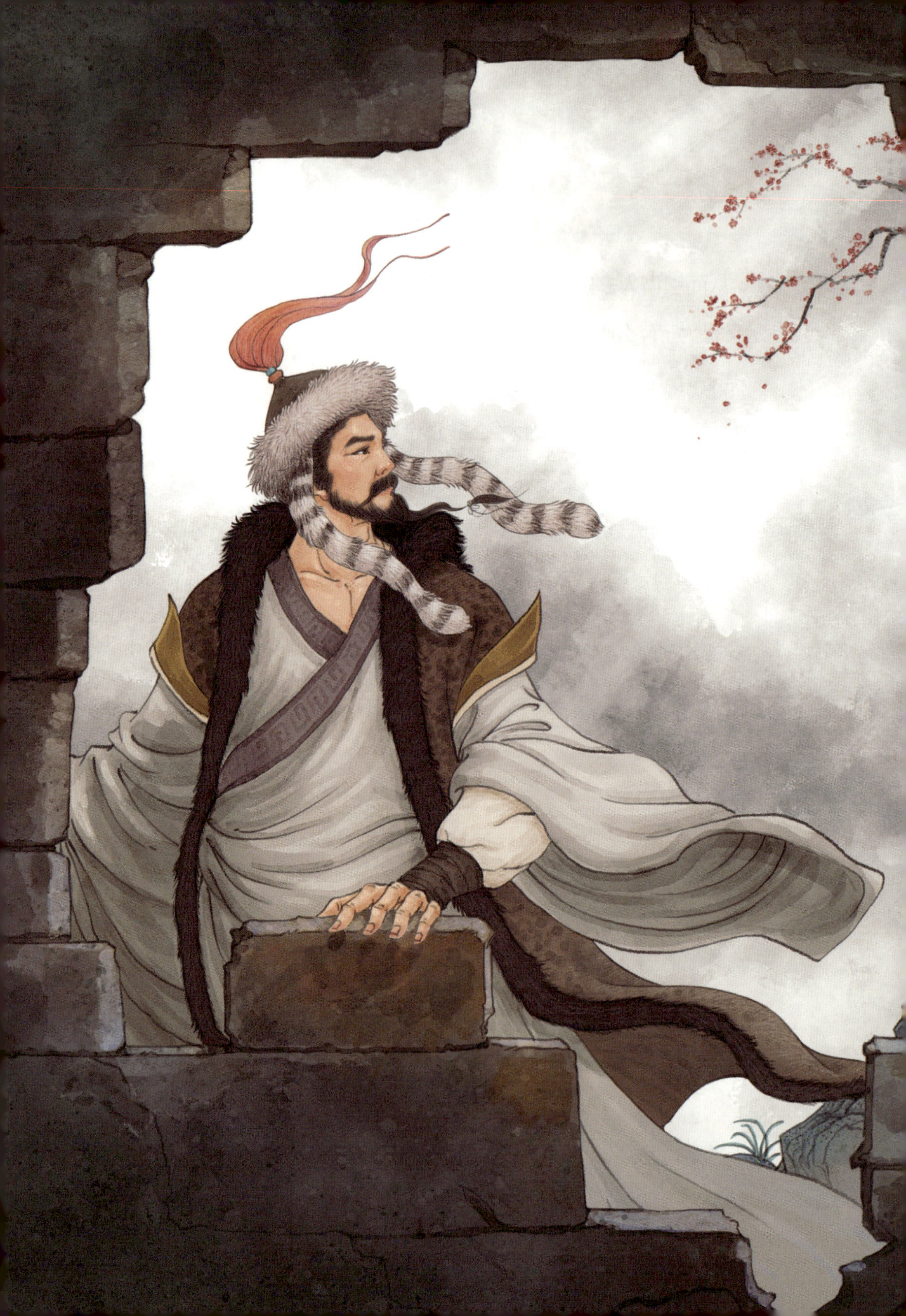

扫描二维码
听嘉兴的声音吧

第十四集 一块木材

橘生淮南则为橘，生于淮北则为枳；深固难徙，更壹志兮！

《元史》，明宋濂等修撰，『二十四史』之一，全书共210卷，记述了从蒙古族兴起到元朝建立，再到元朝灭亡北迁蒙古高原的那段历史。

明太祖洪武三年，《元史》书成，编撰历时仅331天，极为仓促。因此《元史》的内容不免过于草率，基本都是现成的史料堆砌，没有认真地融会贯通，存在许多混乱之处。后代史学家对此多有不满，如清代学者钱大昕指出：『古今史成之速，未有如《元史》者，而文之陋劣，亦无如《元史》者。』

但是，《元史》因保留了大量的原始史料，所以仍是我们了解和研究元代历史的珍贵文献。而且《元史》的各种体例整齐，文字浅显，叙事明白易懂，明人修《元史》时，强调『文词勿致于艰深，事迹务令于明白』，因此《元史》仍然称得上是一部较好的正史。

——本集人物耶律楚材，事迹见于《元史·卷一百四十六·耶律楚材列传》

·260·

大家好，欢迎关注我的学习分享。

有一次，应一家卫视的邀请，我和老师去长沙参加了一档综艺节目的录制。之后，我们去参观了岳麓山脚下有名的岳麓书院。这可是宋朝初年长沙太守主持建造的学校，至今已有超过千年的历史了。

在岳麓书院的门口，我被一副对联吸引了：惟楚有材，于斯为盛。老师在一旁微笑，我想，他肯定早就准备好了解答我可能提出的问题。果然不等我开口，老师就直接解释了起来："这八个字的意思是，楚地有许多有才能的人，岳麓书院这里最多。据说清朝时，岳麓书院的山长，相当于校长吧，以'惟楚有材'为上联，问学生们谁可以对下联。有一个学生引用了《论语·泰伯》里的'于斯为盛'四个字作下联，山长觉得非常工整。从此，这副对联就挂在岳麓书院的门口了。"

我不禁质疑道:"老师,我知道长沙在春秋时期是楚国的地盘,那么'惟楚有材',就是说只有楚地才有人才喽?这话也太武断了吧!"

老师笑了,说:"哟,你这个四川人还不高兴了。'惟楚有材'这四个字出自《左传》,是楚国派去晋国的一个使臣回国后,跟楚国的令尹交流起晋国情况的时候说的话。'惟'这个字应该是个发语词,吟诵的时候需要拖长,提醒人们注意后面的重要内容,本身没有实际意义。这个字表达的不是'只有'的意思,所以这句话不是说只有楚地有人才。"

我不解道:"一个汇报别国情况的楚国大臣,干吗要夸自己国家有人才?"

老师领着我走进书院的山门,边走边道:"因为这四个字后面还有更重要的四个字,就是'晋实用之'。意思是,楚地的人才其实大多在晋国做官。"

我追问道:"为什么楚国人要去晋国做官呢?"

老师解释道:"春秋时期人才是流动的,哪里需要他们,他们就到哪里去。无论人在哪里,都是为了实现人生理想，拯救苍生。"

聊着聊着，我和老师已经到了岳麓书院的讲堂，抬头便看见挂在屋檐下的"实事求是"四个大字，我于是有了一个想法，对老师说："老师，您是不是想说，人才是无国界的。可是实事求是地说，春秋时期这些国家毕竟是敌对的，楚国的人才到了晋国，帮助晋国强大了以后，如果晋国来攻打楚国这可怎么办呢？"

老师点点头说："你说得有道理。不过人才在楚国的境遇实在不好，因为楚国总是重用贵族子弟。没有背景的人在楚国得不到发展，这才造成了人才流失。"

我想了想，老师说得也对，这确实是楚国的现实问题，于是便不再说话。走着走着，我突然看到了岳麓书院的屈子祠，这是纪念屈原的地方，于是我又有了新的想法，对老师说："但是屈原就誓死不离开楚国。"

老师沉默了一会儿说："南宋末年，元军攻打到长沙，岳麓书院的学子们都参与了战斗，抗争失败后，他们绝大多数都自杀殉国了。"

我没想到岳麓书院发生过这么惨烈的故事。

老师继续对我说："你知道蒙古大军有多厉害吗？他们打下的地盘横跨欧亚大陆，世界史上没有哪个帝国有过这么大的地盘。后来元军灭南宋的时候，像岳麓书院这样士人殉国的故事比比皆是。但别的被灭掉的国家的文人们却不选择这样刚烈的抗争行为，他们有的人甚至在蒙古做了大官。你怎么看待这个问题呢？"

我先不回答老师的问题，对老师说："您说说这'有的人'到底是谁，我先听故事吧！"

老师笑了，拉着我在岳麓书院的一个廊子里坐下，然后说："我想说的这个人叫耶律楚材。"

"耶律楚材？"我皱着眉头问老师，"这名字怎么这么奇怪。他是契丹人？"

老师笑着点点头说："你还真不错，知道耶律是契丹姓氏，不过耶律楚材出生的时候，契丹人建立的辽国早就没有了，他的父亲当时在女真人建立的金朝做官，官至宰相。"

我点点头，指着岳麓书院门口的方向说："惟楚有材，晋实用之。他父亲是用这句话给儿子起的名字

嶽麓書院

於斯為盛　惟楚有材

吗？是说他们契丹人终究是要为女真人所用？"

老师摇摇头说："我估计不是这个意思，耶律家族早就算是金朝人了。传说耶律楚材出生的时候，有个算命先生说这孩子早晚会被他国所用，于是他父亲就想到了《左传》里的这句话，为他取了'楚材'这个名字。"

我惊讶道："啊？他父亲不仅不觉得这是坏事，还起了这样的名字，是盼着这样的事儿发生吗？"

老师笑道："这也很可能就是个段子。后来，成吉思汗的大军南下，金朝的皇帝干脆把首都从燕京搬到南边的汴梁去了，留下耶律楚材和当时的宰相一起驻守燕京。可是蒙古的大军谁挡得住呀！当燕京被攻破的时候，耶律楚材就只好出家当和尚了。成吉思汗打下燕京后，听说有耶律楚材这么个能人，就几次请他投入自己麾下，耶律楚材最终答应了。所以我觉得，后人可能是根据这个结果来反编的他出生时起名的故事。"

我接过老师的话说："就算故事是假的，他父亲难道就不知道'惟楚有材，晋实用之'的典故吗？"

老师想了想，对我说："你的意思是，耶律楚材的父亲是故意给儿子起了个卖国的名字呗？"

我使劲地点了点头。

老师笑着对我说："耶律楚材从小就受汉文化和儒家思想的熏陶，除了姓耶律，长了一脸长胡子之外，你看不出他身上哪里还有契丹人的影子。一个精通汉文化的金朝契丹贵族后裔，你说他应该效忠哪个国家呢？"

我不说话了，觉得老师说得也有道理，便又问老师："您刚才说耶律楚材精通汉文化，后来还在蒙古做了大官，他是怎么让蒙古人那么器重他的？"

老师点头道："成吉思汗占领燕京后找到耶律楚材，说要帮他为契丹人报仇，耶律楚材却说自己和父亲一直在金朝为官，没有什么仇可报。成吉思汗被这句话打动，此后一直将他带在身边，但这不是主要原因。当时，成吉思汗率领的蒙古大军主攻的方向是金朝，打下燕京后原本是要继续向南直捣汴梁的。不过，这期间突发了一件事，遥远的西边，也就是现在的中亚地区出现了一个新的国家，历史上叫它花剌子模国。花剌子模国边境的将领把蒙古的一个商队当作间谍给杀了，成吉思汗派使者去讨公道，结果使者也被杀了。据说成吉思汗思考了一整夜，决定掉转矛头去攻打花剌子模国。"

我追问道："为什么要思考一整夜呢？"

老师解释道："因为在掉转进攻方向这件事上，蒙古贵族的意见并不统一。"

我感叹道："但是最后成吉思汗还是出兵了。原来，蒙古大军打下欧亚大陆那么多的疆土，居然源于这场事件。"我转念一想，老师刚才的话还没说完，这与耶律楚材又有什么关系呢？于是我继续追问老师。

老师说道："有这样一个传闻，说成吉思汗准备出兵花剌子模国时，大军的旗子突然被风刮断了，有人就认为这是不好的兆头。耶律楚材便用《易经》里的思想分析了一番，说这是吉祥的征兆。蒙古贵族听完后无话可说，成吉思汗这才得以顺利出兵。"

我笑道："《易经》可是群经之首，博大精深，蒙古贵族们被它的理论给说服，确实很有可能！"

老师说："耶律楚材对汉文化的推崇对蒙古贵族产生了很大的影响。成吉思汗一直带着耶律楚材，一遇到问题就要找这个大胡子来给自己参谋。耶律楚材每次都能给出好的建议,成吉思汗就说,这是上天赐给我的人。不过这仅仅是个开始。成吉思汗原本指定了他的三子窝阔台继任,但是因为小儿子拖雷一直监国,所以在成吉思汗死后,蒙古的王爷们想要拥立拖雷继位。"

我想了想说:"孔子说,名不正则言不顺,如果拖雷真的当了大汗,那蒙古又要乱了,肯定会出现拉帮结派的现象。"

老师点点头说:"虽然后来窝阔台顺利继位,但是耶律楚材担心争执还会出现,于是在窝阔台继任的大典上,耶律楚材让窝阔台的兄弟和其他的蒙古贵族都对窝阔台行跪拜礼,并且从此定下君臣的制度。"

我赞叹道:"噢!这简直是汉制礼仪大典呀!汉文化果然对蒙古产生了很大影响。"

老师肯定我说:"是的。这个时候元朝还没有建立,蒙古的贵族们想把天下都变成草原的,若是没有耶律楚材,中原地区差点就要'草原化'了。"

我赶紧问这是什么意思。老师继续说:"许多蒙古贵族都认为，只要把中原的人口驱散，让草木自由生长，变成草原，然后就能放牧。耶律楚材赶紧想了个办法，让蒙古贵族看到有人口的好处。他在华北一带安抚百姓，让他们能稳定生活。百姓稳定下来后，有了工作就有了钱，这时耶律楚材实施税收政策，增加国家的税收，充实国库。蒙古贵族由此发现原来汉人是这样治理天下的，国家的钱财是这样多起来的。他们知道了这其中的好处，就决定不再把中原变成牧场了。"

我感叹道："耶律楚材简直是拯救了中原地区啊！"

老师总结道："不仅如此，耶律楚材还找来了孔子的后人，让朝廷封他为'衍圣公'，把孔庙和孔林交给他管理。可别小看这一行为，它实际上代表了蒙古对儒家文化和汉文化的认可。"

我感叹道："耶律楚材确实在不遗余力地推行汉文化呀！"

老师继续说："不过即便如此，还是难以达到让蒙古贵族们理解汉文化的目的。于是他开始教育这些贵族的后代，开设学馆给他们传授汉文化。"

我明白了，接着老师的话说："这样，等这些孩子长大，投身到国家政务的时候，就会用汉文化治理天下了。这招儿太高明了！"

老师点点头说："可是后来，蒙古族还是因为不熟悉中原，也不愿意以汉族的方式生活，再加上抵抗不住起义军的力量，最终退出中原，回到了草原。但是元朝的名字，以及建立元朝的忽必烈和他的继承者们之所以尊重汉文化，跟耶律楚材的关系很大！"

说到这里，老师停了停说："你知道东汉公主曾经在河南济源那个地方建造过一个有名的园林'沁园'吗？耶律楚材曾经到这里游玩，战乱后，他治理华北时又到了这个地方，却发现古迹已坏，于是作了一首诗。"

昔年曾赏沁园春，今日重来迹已陈。
水外无心修竹古，雪中含恨瘦梅新。
垣颓月榭经兵火，草没诗碑覆劫尘。
羞对覃怀昔时月，多情依旧照行人。

这就是耶律楚材重游沁园作下的《过沁园有感》。诗中说他曾经到过这个沁园，也欣赏过这里的春色，今天重新到来这里，发现这里的古迹已经陈旧不堪。耶律楚材说沁园的竹子无心生长，消瘦的梅花在雪中含恨开放，院子的墙坍塌了，水榭在战火中被毁坏了，那些刻着诗歌的石碑也都已经湮没在杂草中。他在诗的倒数第二句说自己对着这里的月亮感到羞愧。这句话，表达了他对于保护汉文化的责任感。最后，他又说，这份感情虽然饱经岁月折磨，却依然笼罩着他这个到处奔波的"行人"。

老师讲完这首诗，对我说："你看，耶律楚材确实是保护汉文化的伟大使者吧！他并没有像南宋的士人一样激烈抵抗，而是把汉文化引入了新的政权。"

我想清楚了，抬头对着老师说："对，耶律楚材是一块'好木材'！"

老师笑着问我："'好木材'？什么意思。"

我正了正身子，慢慢说："就是说，他这块'好木材'可以将汉文化建设到新的王朝中啊！但是，建成的只是房屋，保留下文化的样子，装饰了新的朝代。南宋的士子们才是汉文化的根，汉文化本身就有打不败、坚毅果敢的特质。橘生淮南则为橘，生于淮北则为枳；深固难徙，更壹志兮！在不同的地方，事物可能会有不同的存在形式。但只要有坚定专一的意志，就不会抛弃自己的文化根源。所以南宋的士人即便都死了，这精神不倒，汉文化依然可以存留。"说完，我随着老师的目光，环视了一遍这依然草木青青的岳麓书院。

老师叹口气，感慨地说："耶律楚材的心确实不能跟汉族人积淀千年的文化心理相比，但是他的功绩也是不可否认的！"

我说："我们当然不能否定耶律楚材的功绩，还得向他学习呢！您带我到长沙来，把古老的吟诵植入到时尚的综艺节目里，这就是变相地向他学习了啊！"

老师微笑地点了点头。

盈视讲吟诵　第十四讲

拗怒之气

近体诗的吟诵讲究平长仄短，简而言之，就是在吟诵时拉长关键位置上的平声。

所谓关键位置，指的是每一句的第二、第四、第六个字。为什么不谈第一、第三、第五的位置，我们在《读书有次第》的第十六讲里已经说过，这里不再赘述。

平起的近体诗，平声往往在"二六、四、四、二六"的位置上，也就是第一句的第二、第六个字，第二句的第四个字，第三句的第四个字和第四句的第二、第六个字，这些点位上的平声要拖长读。如果是八句的律诗，那么后四句的平声点与前四句同。比如耶律楚材的这首《过沁园有感》就是八句的七言诗。

昔年曾赏沁园春，今日重来迹已陈。
水外无心修竹古，雪中含恨瘦梅新。
垣颓月榭经兵火，草没诗碑覆劫尘。
羞对罩怀昔时月，多情依旧照行人。

第一句的第二个字"年"和第六个字"园"都是平声，第二句的第四个字"来"是平声，第三句第四个字"心"是平声，第四句第二个字"中"和第六个字"梅"是平声，这就是标准的"二六、四、四、二六"。后四句也一样。这些位置的平声要拖长读。

平起诗歌的"四、二六、二六、四"的位置是仄声。比如第一句的第四个字"赏"是仄声，第二句的第二个字"日"和第六个字"已"是仄声，第三句的第二个字"外"和第六个字"竹"是仄声，第四句的第四个字"恨"是仄声。读这些仄声时要短而重。

这便是所谓的格律，也就是说创作诗歌的人，都要按照这样的规律来创作。

长与短重的吟诵是有意义的。我们有理由相信，诗人在创作的时候就已经想好要利用近体诗吟诵的特点去表情达意了。比如第一句中"年"与"园"的长读，让人感慨岁月已久，但是沁园却无法依旧。重读一个"赏"字就能表达辛酸之意，以前到这里还可以说是"赏"，现在这里还有什么可"赏"呢？

再比如第四句，"雪中"的"中"拖长读与"瘦梅"的"梅"拖长读，一下子就让人感受到消瘦的梅花在雪中长久伫立的姿态。而重读"恨"字，又能深深地体会到耶律楚材借梅花抒发的自我的感情。

比较特殊的是本首诗歌的第七句。按照"二六、四、四、二六"的平声设置规则，本句只有第四个字可以是平声。但我们发现第六个字也是平声，这是怎么一回事呢？这种句子叫"拗句"。"拗"有不顺的意思，就是说这个句子在平仄设置上并不平顺，读起来有点奇怪。这应该是诗人故意安排的。

打破平仄应有的安排，能很好地表现心情的不顺。一首律诗的第七句，到了升华主题的部分——第七句要表现的是耶律楚材的自责。"覃怀"是沁园所在地的古名，"羞对覃怀昔时月"就是说我羞愧没能保护好这里的古迹。可见耶律楚材真的把保护汉文化当作己任，才会有如此忧思。在关键位置，多一个平声字"时"，无论是作诗的人还是读诗的人，读到这一句的时候都会多停留一会儿，感慨那份不平静的心情。所以古人总会说拗句有愤怒不平之气，称之为"拗怒"。

所以，我们在吟诵到"拗句"的时候，可以在语气上表现得激动一些，多些不平之感。

你跟随嘉兴的吟诵音频，试着吟诵一遍《过沁园有感》吧！

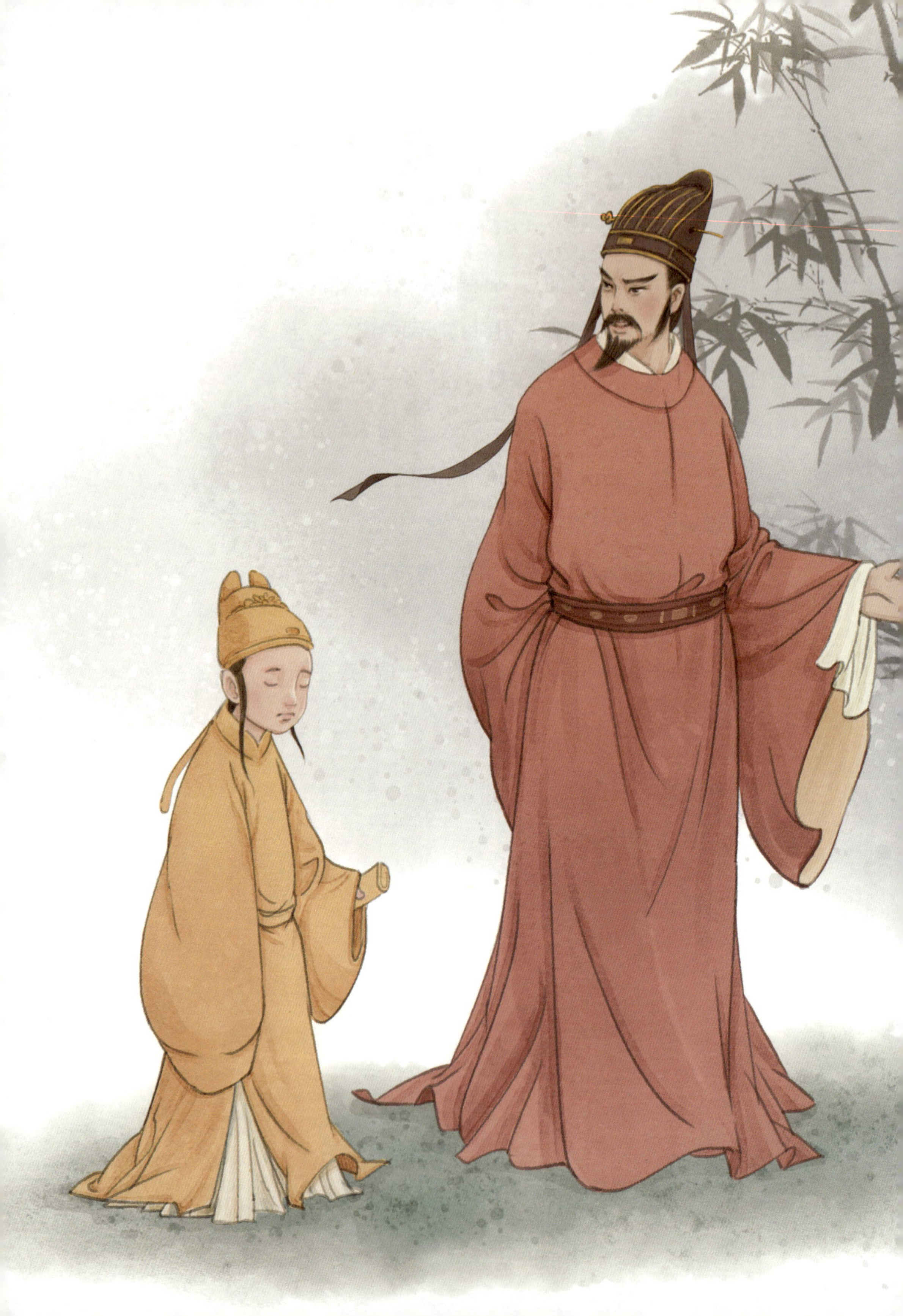

扫描二维码
听嘉兴的声音吧

第十五集 一名教师

真的可以不顾一切地做事情吗？如果考虑不周、不顾习俗、不择手段、急于求成，很容易后患无穷吧！

《明史》，清张廷玉等修撰，是『二十四史』中的最后一部，共332卷，记载了自明太祖洪武元年（公元1368年）至明思宗崇祯十七年（公元1644年）共276年的历史。

《明史》的修撰前后历经90余年，是历代官修史书历时最长的一部。在『二十四史』中，《明史》是一部水平较高的史书，有体例严谨、编排得当、材料翔实、叙事稳妥、行文简洁等优点。清代学者赵翼在《廿二史札记》中说：『近代诸史自欧阳公《五代史》外，《辽史》简略，《宋史》繁芜，《元史》草率，惟《金史》行文雅洁，叙事简括，稍为可观，然未有如《明史》之完善者。』另外，《明史》中保存的史料极为丰富，除一套完整的明朝各帝实录之外，尚有邸报、方志、文集和大量私家史书作参考。

《明史》令人遗憾之处在于没有包含南明这一段历史，这是由清朝初年的政治局势所决定的，清朝当时已在北方建国，对于南明政权的地位自然不会予以承认，故亦不予修史。

——本集人物张居正，事迹见于《明史·卷二百一十三·张居正列传》

大家好,欢迎关注我的学习分享。

有一年,老师所在的北京市吟诵教育研究会在北京的郊外举办吟诵师资培训班,我和我的好朋友夏宁远被老师邀请去做小助教。因为培训班举办的地点距离明十三陵很近,培训结束后,老师就带着我和夏宁远去了一趟明十三陵的定陵参观。

夏宁远在路上就问老师:"定陵埋葬的是不是那个近三十年不上朝的万历皇帝?"老师点了点头。

夏宁远继续问:"据说他是被外星人带走了?"

我说:"我也听过这种传言。应该不是真的吧?"

老师笑着说:"当然不是啦!"

我接过话问:"万历皇帝为什么不上朝呢?"

老师说:"上朝是非常隆重的事情,皇帝要和文武百官在朝堂上同堂议事。关于万历皇帝不上朝的原因,有好多种说法。有人说他是用这种行为反抗当时的言官制度，有人说他迷恋后宫，喜欢花天酒地，懒得做这种接见百官的事情。此外，据说发掘定陵时，人们看到了万历皇帝的遗骨，发现他的腿骨有异，所以推断他或许是因为腿疾而不上朝。"

夏宁远继续问老师："历史书上说，万历时期有三次大规模的征伐都打了胜仗。这皇帝不上朝还能打赢战争？"

老师笑道："上朝不过是个仪式，不上朝不代表他完全不理朝事，真正解决问题也不靠上朝。而最关键的是，万历皇帝靠的是他的老师张居正给他留下来的家底儿才打赢的战争啊！"

我马上问道："是不是有一种说法，如果没有张居正，明朝早就在万历时期灭亡了？"

老师点点头说："确实有这样的说法。万历皇帝叫朱翊钧，他的父亲明穆宗死得早，朱翊钧十岁就当皇帝了。那个时候，大明王朝到底有多少土地没人能说清楚，因为地主都在兼并土地，也不给国家交税。明朝版图的四方都受到外敌威胁，眼看就扛不住了。年幼的万历皇帝和他母亲李太后急需一个能帮他们主持大局的人，于是他们看上了张居正。张居正独揽大权，大刀阔斧地进行改革。他让官员丈量各地的土地，把税收方式改成交纳白银，使得地方官员难以贪污，国家的税收一下子就翻了倍。他又任用戚继光等著名将领抵抗外敌，于是边关也安定了下来。"

我接着问老师："您刚才说张居正是万历皇帝的老师？"

老师笑着说："对啊！万历皇帝继位时还小，张居正这个老师尽职尽责，不仅给皇帝编写教材，还给他的教材配上图画呢！皇帝读书的时候念错一个字，张居正都会严厉呵斥，吓得皇帝想起来都会发抖。"

我不解道："一个大臣，怎么敢对皇帝这么凶？"

老师解释道："一方面，是因为李太后对皇帝要求极为严格，按照今天的说法她就是个'虎妈'。张居正是李太后极为尊重的人，太后要求他对皇帝必须严加管教。另一方面，皇帝其实也很崇拜张居正，他从小没了父亲,张居正就像是个严厉的父亲一样。"

我叹了口气道:"要说这皇帝也够可怜的。我就不喜欢那么严厉的人管我。"夏宁远也点了点头,表示同意我的说法。

老师又笑了,说:"皇帝小时候确实挺可怜的。张居正要求他必须每日早朝,要知道古代的早朝时间特别早,皇帝凌晨三四点就得起床,还要做许多准备工作。哪个小朋友不喜欢睡懒觉啊!到后来,皇帝实在坚持不了,张居正才答应减少了一些早朝次数。"

我马上说道:"哦,万历皇帝长大后之所以不愿意上朝,可能就是因为小时候留下的阴影。这叫物极必反!"

老师摸摸我的头说:"你还挺同情万历皇帝。万历皇帝不上朝的原因有很多,你说的或许是其中的一个。"

我们继续向前走,想去定陵的地宫看看皇帝的陵墓到底是什么样子。还没走到地宫入口,就先看到道路的两旁分别有一个展览馆。我和夏宁远走近一看,原来是定陵地宫出土文物的展厅。夏宁远感叹道:"定陵出土的文物居然要用两个展厅才可以摆下呀!"

老师说:"定陵在万历皇帝生前就开始修建了,参照了永陵的规格,永陵是万历皇帝的祖父嘉靖皇帝的陵墓。要不是因为挖掘定陵时的文物保护技术不成熟,留下来的文物会更多。"

我感叹道:"看来万历皇帝生前是个极为奢侈的皇帝啊!张居正就没有教育他要节俭?"

老师继续说道:"张居正在这方面对他的要求就更严格了,小皇帝想办一场新年焰火晚会都不行。这就相当于过新年你们想放烟花,家长觉得贵,不给你们买一样。当时有好多人为此事求情,还搬出了嘉靖皇帝办焰火晚会的事。张居正说那不过是个特例,坚决不允许,万历皇帝只好作罢!"

我总结了一句:"看看,太约束小朋友,最后就会反弹吧!万历皇帝长大了之后是不是迷恋奢侈生活,所以才连早朝都懒得上了?"

老师点点头说:"确实,万历皇帝亲政以后,逐渐把张居正为大明王朝攒下的钱都花光了。明朝盛世后来急转直下,慢慢消亡了。"

夏宁远问老师道:"这其中一定还有别的原因吧?难道只是因为管教太严,让万历皇帝逆反了一辈子?"

老师站在定陵的地宫入口说:"这就要从'夺情'这件事说起了。"

我们慢慢往地宫深处走去,边走边听老师说:"张居正的改革,历史上称之为万历新政。官场受到了很大冲击,很多官员和贵族原来养尊处优、贪污腐败、强取豪夺,张居正的改革触动了他们的利益,所以有很多人反对。但是李太后和万历皇帝对张居正言听计从,谁反对都没用。随着改革的推行,明朝国库有钱了,政治也清明了不少。但改革进行到第三年,正是关键的时候,张居正的父亲去世了。"

我接过话来说:"糟了,看来他要去丁忧了。"我知道,从汉代开始,中国的官员就有丁忧的制度。丁,是遇到的意思;忧,是居丧的意思。丁忧指的是父母去世,为官者必须要辞官回家去给父母守孝三年左右。这在

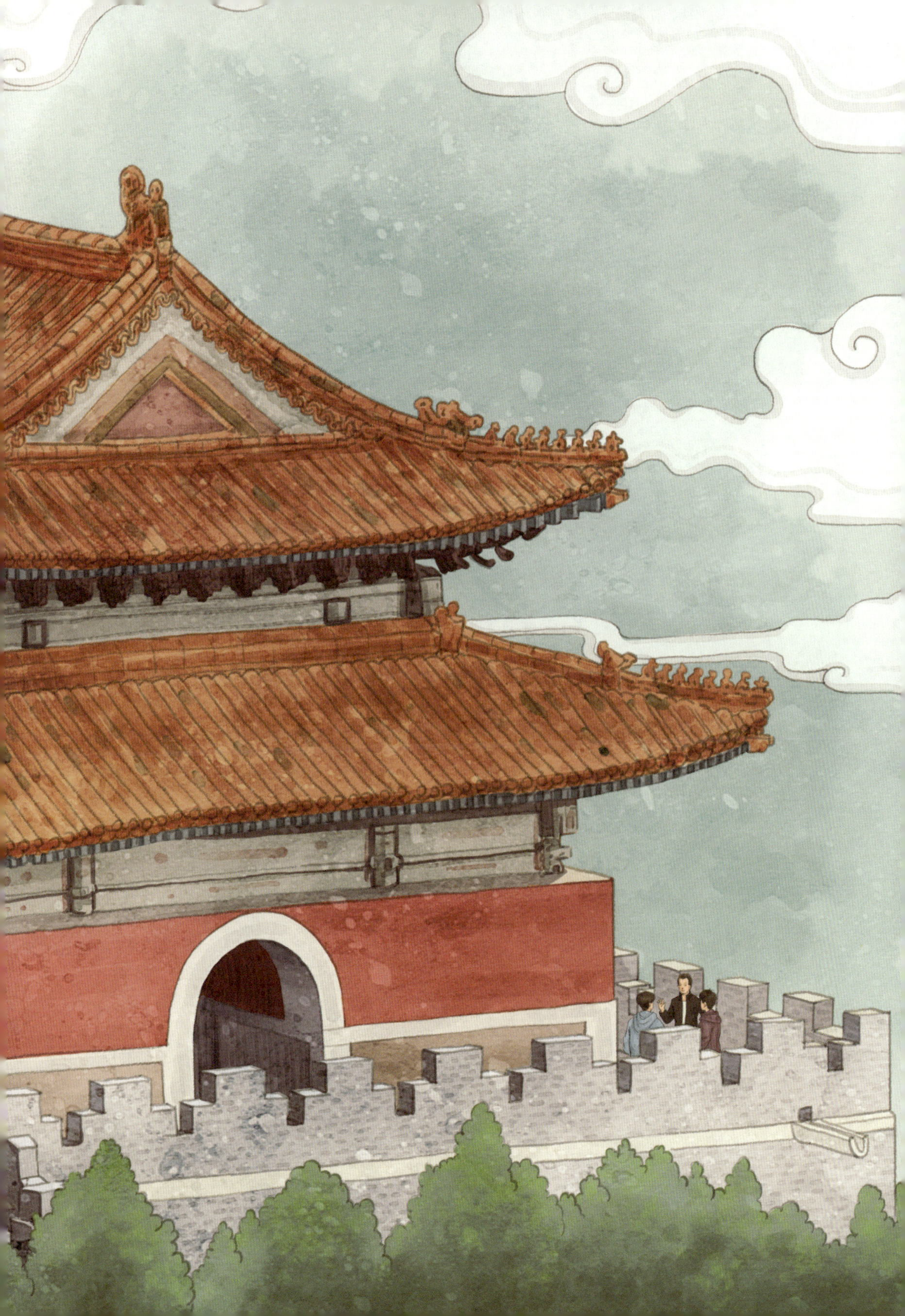

古代是非常重要的事情，很多王朝都以孝治天下，如果官员不回去给父母守孝，就会被认为人品上有极大的问题，形象大大受损。

老师点头道："你在张居正丁忧这件事上的反应是'糟了'，可见你也知道，张居正一走，他的改革估计很难继续。明朝好不容易要复兴，一停止改革，说不定又没希望了。"

夏宁远问老师道："您刚才说皇帝'夺情'了？"

老师点点头道："对，看来你们也知道'夺情'，就是皇帝夺走你为父母守孝的感情，不让你丁忧。万历皇帝就决定'夺情'，只让张居正回家处理下葬事宜，然后回朝继续做官。"

我接过话来说："这可不得了，肯定要出大事了。"

老师点头说："朝野震动啊！一群人出来反对，连负责起草'夺情'诏书的吏部尚书都一直拖延，皇帝干脆直接罢免了他。"

夏宁远问道："反对者都是贪官污吏吗？"

老师摇摇头说："不是。比如这位被罢免的吏部尚书就是张居正亲自提拔的人。反对者里还有张居正的学生，这个学生跑到张居正家里，把自己拟好的、弹劾张居正的奏折给他看。奏折上说：'皇上是张居正的学生，我也是。我们之所以尊重张居正，是因为他能做好天下的表率。如果他都不丁忧，不尽孝道，那还怎么做我们的老师呢？'"

夏宁远接过老师的话来说："我也认为张居正的确应该丁忧。既然古代把孝道看得那么重，张居正作为皇帝的老师，更应该遵守规定。如果他连这个都做不到，就没有资格去管理别人。"

老师看了看我，等我的答案。我想了想，提出了不一样的看法："我听说'礼从宜'，刻板的规矩适用于一般的情形，丁忧是担心官员心中没有对父母的恩情，以至于对天下也会无情，所以才用制度约束官员。也就是说，丁忧是要看官员的孝道，孝是有情的表现。如果一个人真正懂得了这其中的深意，不去遵守死板的规定也无妨吧？何况当时朝政真的离不开张居正啊！"

老师点点头说："的确。当时朝廷在北京，张居正就在北京的家中给父亲设了灵堂，公事之余就在家中为父亲守灵，哀伤之情很深。"

夏宁远继续说："我觉得用这种变通的方式为父亲守孝，是现代人的看法。但在明朝那个历史环境中，丁忧还是很有必要的。如果张居正做不到，别人会怎么看他呢？"

老师接着夏宁远的话说："是的，张居正的行为扰动了古代官场上最敏感的神经，大家都说他不守孝道，反对他的声音越来越多，辱骂的语言也越来越难听了。万历皇帝很生气，他决定对反对者施以廷杖！"

我和夏宁远都倒吸了一口凉气，我们知道廷杖是很残忍的惩罚，用大木杖抡打受杖者的下半身。明代的皇帝，从正德到嘉靖，只要和大臣争执急了，都喜欢使用廷杖，把大臣打成重伤甚至打死的情况有很多。

我赶紧追问道："刚才您不是说反对者里还有张居正的学生吗？张居正有没有去向皇帝求情？"

夏宁远接着我的话说："皇帝和太后不是只听张居正的吗？这廷杖说不定就是张居正授意的吧！他怎么

会求情呢？"

老师摇摇头说："廷杖是不是张居正授意的，谁也不知道。总之，无论什么人去求张居正，让他向皇帝求情，他都不为所动，眼睁睁地看着这场廷杖发生了。那几个提出反对意见的人，被打得皮开肉绽，有的还被打成了残疾。"

夏宁远扔出了一句话："张居正这种做法有点过分啊！"

我则慢慢地说："这，我也无法解释了。他难道是要清理掉挡路的人，这是'成大事者不拘小节'吗？但这也不能算是小节了吧。"

老师说："有的历史学家认为，张居正在这次'夺情'事件后性情大变，他可能真的觉得既然得不到大家的理解，那就干脆做个权臣，不管不顾了。"

我继续问道："张居正后来到底做了什么不管不顾的事？"

老师说："他在回老家湖北荆州的路上，各地官员迎来送往，向他送礼，他都接受了。传闻说有个官员给他做了一顶超级大的轿子,这轿子需要三十二个人来抬。"

"三十二个人?!"我和夏宁远都惊讶地叫出了声。

老师继续说:"据说这轿子里有客厅、卧室,甚至还有厕所,无比豪华。因为轿子太大,走到某些地方的时候,路不够宽,张居正就让人把路旁的建筑拆掉,好让轿子顺利通过。"

夏宁远说:"张居正这还怎么为人师表,万历皇帝小时候想办焰火晚会他都不让,自己现在却如此铺张,这样的老师太可恨了。"

老师笑着看着夏宁远说:"看来小朋友对老师都是有自己的看法的,我以后可要更注意自己的言行啊!"夏宁远不好意思地笑了。

老师接着说:"三十二人大轿的事儿可能有夸张的成分在,但有这种传闻,也说明张居正当时确实有不少飞扬跋扈的行为。"

我问老师说:"万历皇帝知道这些事情吗?他作何

感想？"

老师很严肃地说："万历皇帝可能是在张居正死后才知道的。万历皇帝十九岁的时候，张居正去世了，紧接着，弹劾张居正奢侈无度的奏折就如雪片般飞到了他的面前。万历皇帝一气之下，下令抄了张居正的家！"

我感叹道："万历皇帝原来像对待父亲一样对待张居正，后来居然如此反转，他没想到自己崇拜的严师居然是这样的人，看来是伤心透了。"

我转念一想，觉得找到了万历皇帝懒政的原因，于是问老师道："老师，您说，会不会是因为张居正的形象在万历皇帝心里发生了极大的转变，导致他对这个世界的认知崩塌了，所以再也无心于朝政，只能在花天酒地里麻醉自己。"

老师叹了口气说："你这个想法很新颖，也有一定的道理。万历皇帝后来跟大臣们为很多事情争吵不断，归根结底，或许是因为他崇拜的老师形象崩塌，他的信念受到了冲击，所以故意和大臣们对着干，甚至拒绝上朝，从此醉生梦死。"

我和夏宁远几乎同时得出结论："看来当老师的做好表率很重要！"老师看了我俩一眼，使劲地摸了摸我俩的头。我们都笑了。

　　天快黑了，我们准备离开定陵。定陵的门前有一块无字碑，据说从嘉靖皇帝开始，每个皇帝的陵前都会设置一块无字碑，功过任后人评说。我看着无字碑，心里

想，张居正的一生也像无字碑一样，难以评说。他扶大厦于将倾，不顾阻力坚持改革，是社稷股肱之臣，就连不丁忧都有超于世人的一面。但他后来疏于律己，结局令人叹息。

在回程的路上，老师问我们是否选好了在吟诵师资培训班结业仪式上要表演的节目。我和夏宁远在网上查到了一首张居正年轻时候作的诗。

轻烟翳华薄，时雨霁芳洲。
灌木鸟嘤嘤，飞鸣求匹俦。
景物既葱蒨，嘉会亦绸缪。
但恐濛汜夕，余光不可留。
风尘暗沧海，浮云满中州。
目极心如惔，顾望但怀愁。
且共恣啸歌，身世徒悠悠。

这首诗叫《登怀庚楼》。张居正年轻时，就看出了明朝存在的问题，上奏折提出改革的愿望。当时嘉靖皇帝在位，奸臣严嵩当道，他们都没有重视张居正的提议。张居正便不再上奏，不久后辞官回家，与好友遍游江南，作下这首诗。怀庾楼应该是为纪念东晋大臣庾亮所建的一座楼。庾亮是个耿直的大臣，做事直接而勇猛。张居正登上怀念庾亮的楼并作诗，可见他或许崇拜庾亮，心有所感。只是此时他这忧国忧民的心情无处释放，只能以诗言志了。

  他在诗中说，轻烟笼罩着花朵，小雨洗打着水中小岛，灌木丛里有鸟儿在叫，它们飞翔着寻找伴侣。这里的景色很美丽，他们的聚会也很热闹，只是他担心自己年纪渐长，不知还有多少岁月可以留给心中未竟的大业。接下来，张居正暗示，天下被贪官污吏统治，自己有深深的担忧，但只能放肆地歌唱，前途依然未卜。

  我和夏宁远吟诵了几遍这首诗，夏宁远问我说："你看这首诗和王安石的那句'不畏浮云遮望眼，自缘身在最高层'传达的抱负像不像？都是在忧国忧民，盼望在高位去改革，拯救国家。"

  我点点头，不禁想到：张居正和王安石都是年轻时就怀有大志向，他们看到了王朝的没落，于是大刀阔斧进行改革，想以此改变王朝的命运。但是，他们最后都失败了，似乎都毁在了"不顾一切"上。王安石遇到了太多反对者，于是不惜任用小人来支撑"变法"。张居正怕改革夭折，放弃了丁忧，在后期经常打击异己。在我们的文化环境里，真的可以不顾一切地做事情吗？如果考虑不周、不顾习俗、不择手段、急于求成，很容易后患无穷吧！

张居正要拯救大明王朝，这可是一件超级大的事情！但他作为帝师，同时也是天下人的楷模，他可以不顾一切吗？他应该不顾一切吗？

这问题久久盘旋在我脑海中。

影视讲吟诵　第十五讲

用心玩味（上）

多年前，叶嘉莹先生曾教导我说，吟诵不是一种表演，不需要那么多花哨的形式。吟诵者要用心玩味诗歌的意思，通过吟诵穿越到古代去，与诗人达到心灵上的统一。所有的吟诵技巧都是为了更好地理解诗意，而不是用夸张的表演去娱悦他人。

比如吟诵这首《登怀庾楼》，了解张居正是在什么背景下写出来的就很重要。一个二十几岁的年轻人，怀才不遇，壮志难酬，即便与三五好友登临畅怀，也仅仅是为了排遣抑郁，心情自然是不好的。所以吟诵本首诗时，节奏要慢下来。

轻烟罥华薄，时雨霁芳洲。

灌木鸟嘤嘤，飞鸣求匹俦。
景物既葱蒨，嘉会亦绸缪。
但恐溽炎夕，馀光未可留。
风尘暗沧海，浮云满中州。
目极心如惄，顾望但怀愁。
且共恣啸歌，身世徒悠悠。

诗的前两句是先果后因，本来应该是雨过天晴后，水中的小岛上才显现出了轻烟笼罩着花朵的样子。但是张居正却把轻烟笼罩的气氛写在开篇，以传达自己在晴朗中看出迷蒙之意。这是因为，张居正是辞官回到家乡的，他用一个去声字"翳"来描绘那份烟雾笼罩之感，以表现自己的隐忧。所以，我们一开始就应该用低沉而忧郁的语气来吟诵。

本首诗押的是"尤"韵，尤韵往往表达低回、婉转、哀愁之意。诗的第三、第四句虽然在写鸟儿追求伴侣同飞的样子，但是入声字"木"的出现，以及尤韵的使用都让人有一种知己难求的感觉。两只鸟互相鸣叫，发出"嘤嘤"之声，"嘤"的发音口型很小，又以"ng"结尾，拖长来读，可以感受那份殷切又担忧的心情。

在诗的第五、第六句中，发音口型大的字集中出现，如"葱蒨"，既有草木青翠茂盛的意思，还有才华横溢的意思。把聚会说成"嘉会"，说明这是一场欢乐盛大的聚会。景色美丽，好友如云，所以这两句的结尾用到了"绸缪"二字，道出缠绵不尽之意。吟诵的时候要努力把这些发音口型大的字读清楚，甚至可以夸张一些，把张居正此时的幸福感表现到位。

接下来的两句，张居正又表达了担忧之情。"濛汜"是传说中日落的地方，连上一个入声字"夕"，可见张居正虽还年轻，但已在担心岁月无多了。吟诵这一句时，需要与前两句有明显的语气对比。

我们再看诗的第二部分。起高调吟诵"风尘暗沧海"，并且把这一句和下一句发音口型大的字都夸张地表现出来，比如"暗""沧""海""满""中"，这些字都在暗示朝廷的黑暗，奸臣当道、民不聊生。而且，这是张居正之所以担忧的现实原因，若不是如此危难的情境，张居正前文的那些感慨就显得有些矫情了。

在"目极心如痛"这一句中，入声字"目""极""痛"集中出现。"痛"是忧思、伤痛的意思。张居正说，极目远望，心中有痛！这是本首诗表达感情最直接的一句，所以适合顿挫而读，这几个入声字都要读得狠一些。

而下一句"顾望但怀愁"却没有入声字了，因为张居正即便心中有痛，却也十分无奈。所以在上一句沉重地表达之后，这一句的吟诵要舒缓下来，表达那种深深的落寞。

诗的最后两句，张居正和朋友们恣意地啸歌来排解愤懑。前途将会如何，只能暂时抛于脑后。这两句诗，前一句有发音口型大的字，如"共""啸"，还有四个仄声字"且""共""恣""啸"，表达出沉重的感觉。后一句则全是发音口型小的字，而且有四个平声字"身""徒""悠悠"，最后三个字还是三个连续的平声，有深意未尽之感。吟诵这两句的时候注意要有所区别。

大家跟随嘉兴和夏宁远的音频，也来吟诵一遍《登怀庾楼》吧！

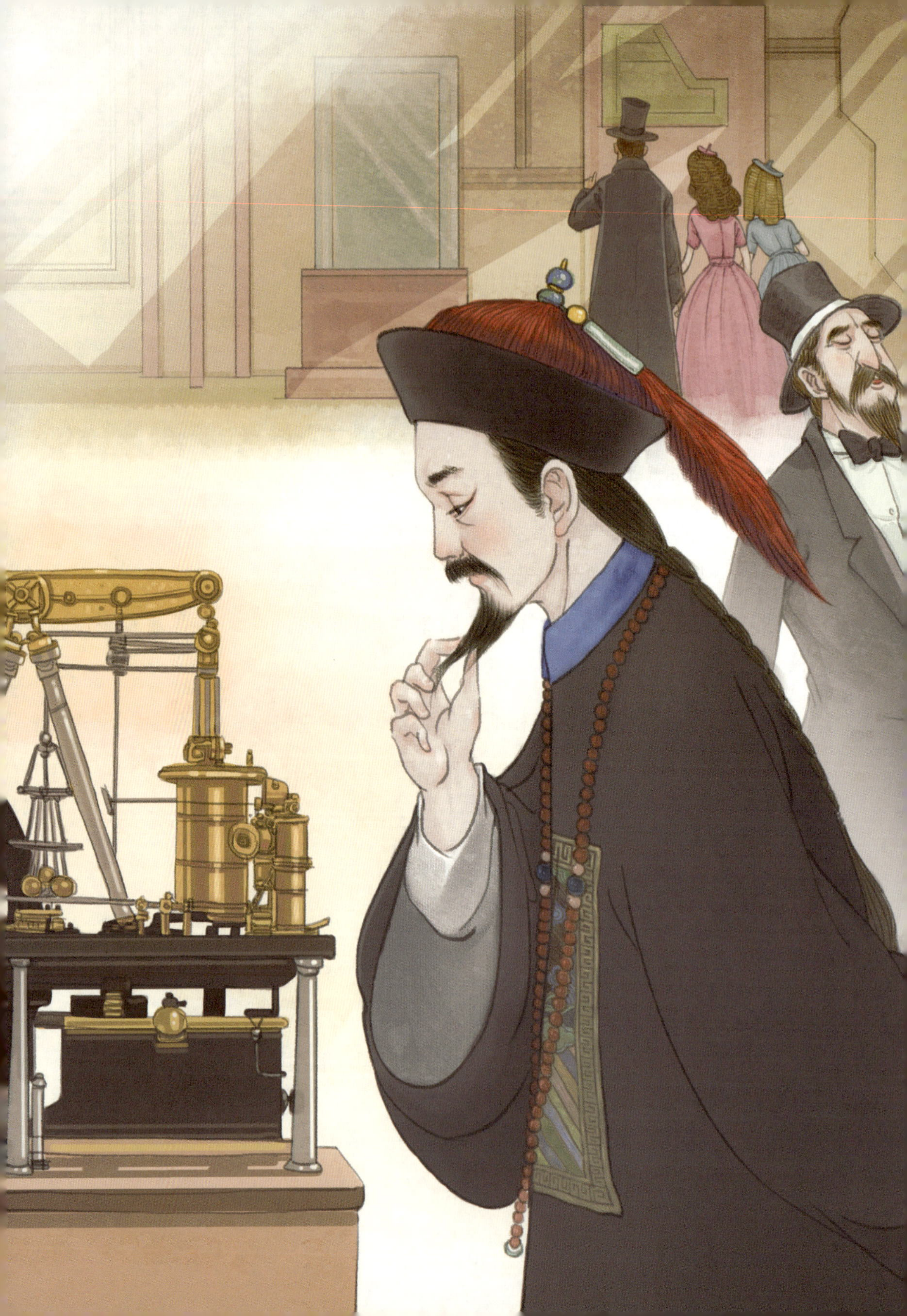

扫描二维码
听嘉兴的声音吧

第十六集 一帆风顺

老师就是想让我们亲眼看到古老的中国吟诵与现代的世界艺术的碰撞，让我们在坚守传统文化的同时，也能开放心胸，接纳其他国家的优秀文化成果。

《清史稿》，民国赵尔巽等修撰，是记载清朝历史的纪传体历史著作。全书共536卷，记载了上起公元1616年清太祖努尔哈赤建国，下至公元1912年清朝灭亡，共296年的史事。

《清史稿》的修撰工作历时14年，先后参加编写的有一百多人，书成于众手，故彼此照应不够。另外因时局动荡，完稿后未经仔细核改，刊行时校对也不认真，是以体例不一，繁简失当，以至年月、事实、人名、地名的错误大量存在。对于编撰上的这些问题，主编赵尔巽心知肚明，因此他在出版时就指出，本书是『作为史稿披露的急救之章，并非视为成书』，『敬乞海内诸君子切实纠正，以匡不逮，用为后来修正之根据』。显然，按照赵尔巽本意，《清史稿》只是一部征求意见稿，但因尚无依中国传统正史体例编写的清朝史书，加上《清史稿》本身史料丰富，其价值仍不可忽视。

——本集人物郭嵩焘，事迹见于《清史稿·卷四百四十六·郭嵩焘列传》

大家好，欢迎关注我的学习分享。

有一天，老师问我寒假有没有空，他想邀请我到美国奥兰多的迪士尼乐园去表演吟诵。迪士尼、吟诵，这神奇的组合惊到了我，我不禁重复了一遍老师的话："到迪士尼乐园表演吟诵？"

老师笑着说："是的。我暑假的时候去了一趟奥兰多，看到有很多国家的演出团体在迪士尼乐园的舞台上表演，但却没有中国的文化内容展现。咱们去弥补这个空缺吧！正好我有好朋友能促成此事。"

我很兴奋，但转念一想，问老师道："您用吉他给吟诵伴奏，已经受到很多人的质疑了，现在您还要到国外去表演，不怕别人说您取悦外国人，不务正业？"

老师想了想，笑道："你说的话倒是让我想起了清朝末年光绪年间的一个人。"

我知道老师要讲故事了，于是拉过来一把椅子，坐下慢慢听。

老师说："这还要从一个名叫马嘉理的人说起，他是英国驻华使馆的翻译。当时，英国人想从缅甸修一条铁路直达中国云南，所以英国驻华使馆派以马嘉理为领队的一支队伍，经云南到缅甸去接应英国军官带领的探险队。"

我关心道："为什么要从缅甸修一条铁路进云南呢？难道英国想从西南方向侵略清朝的领土吗？"

老师点点头说："应该是这样的。马嘉理从北京出发到云南，一路绘制中国的山川地形，写下许多日记。到达云南后，当地巡抚提醒他边境不太平，他也不听。他在中缅边境，跟当地中国居民沟通的时候，态度特别嚣张，甚至开枪逞凶。"

我越听越生气："看来，鸦片战争后，这些外国人在中国作威作福惯了！"

老师点点头说："当地民众非常生气，愤怒之下把马嘉理和他的一些随行人员都杀了。"

我惊叹道:"这下子可麻烦了。依清政府软弱的本性,他们肯定得向英国人求饶。"

老师说:"是的。英国人不依不饶,最后清政府派李鸿章和英国人签订了中英《烟台条约》,这事儿才算结束。"

我追问:"英国人在这个条约里提了些什么要求?"

老师回答说:"英国人提了很多有利于自己的通商利益,还要求清政府必须派人去英国赔礼道歉,并且常驻英国,作为清政府的驻英大使。"

我问道:"清政府在这之前没有驻英大使吗?"

老师道:"当然没有,这次是出于无奈,不得不派遣了,可是满朝大臣,谁也不愿意去!大家后来看上了一个人,这个人曾经帮助曾国藩建立湘军,又参加过洋务运动,是个合适的人选。"

我感叹道:"我知道,因为当时西方人一般都是坐船从海上来到中国,所以国人管他们叫'洋人'。一些人看到西方人的坚船利炮,就开设了很多工厂,学习他们的技术,这被称之为'洋务运动'。我听说过很多洋务运动的代表人物，比如张之洞、李鸿章，那这个人叫什么？"

老师说："这个人叫郭嵩焘，出生于湖南，是个很有见识的人。他还没出发去英国，就有人编了一副对联讽刺他：出乎其类，拔乎其萃，不容于尧舜之世。未能事人，焉能事鬼，何必去父母之邦。"

我想了想说："'出乎其类，拔乎其萃'出自《孟子》，在这里看似是表扬郭嵩焘与众不同，实际却是说他不被盛世容纳。清末的社会能算盛世吗？这帮人是贬损郭嵩焘投敌卖国呢！'未能事人，焉能事鬼'出自《论语》，这里用来暗示郭嵩焘要去伺候洋人、离开父母之邦，是不忠不孝的行为。"

老师笑道："你说对了。怎么样，这个人骂人的水平很高吧？"

我摇了摇头说："这些人怎么这样！"

老师继续说："这还不算什么，当时湖南的巡抚也劝郭嵩焘不要去，问他以后有什么脸面回到湖南呢？郭嵩焘家乡的人更是激动，一起闹事，放火烧了郭嵩焘出资复建的古庙。"

我很是不解,问老师道:"为什么要烧庙?"

老师说:"可能他们的意思是,跑得了和尚,跑不了庙。"

我刚要继续问,老师接了个电话,中断了这场交流。我实在不能理解当年的情况,难不成是闭关锁国太久,所以他们认为出国为使就是辱国行为?

过了不久,学校放寒假了,老师开始着手我和同学们准备出国表演的各种事宜。我没有继续询问老师是否遭到质疑,会不会有人像嘲笑郭嵩焘一样地嘲笑他。没想到,美国经历了一场暴风雪,飞往美国的航班大多数都延误了。老师的朋友们都在积极地想办法,帮我们购买各种转机机票,我则整日在老师家看书玩儿。

有一次,老师用开玩笑的语气对我说:"还记得郭嵩焘吗?咱们也和他一样,西行之路都被'风雨'阻挡,难以成行啊!"

其实我一直想知道郭嵩焘后来怎么样了,于是问老师说:"后来郭嵩焘成功出国了吗?"

老师说:"虽然反对声音很大,但是李鸿章对他很是支持,临行前慈禧太后也召见了他,给了他很多鼓励,并且要求他把此次西行见到的事情都写下来,传回国内。"

我想了想,问老师说:"其实,清政府也非常想知道西方国家到底是什么样子,对不对?他们与反对郭嵩焘出使的人一样,因为不开放而存有深深的偏见。"

老师不置可否,继续讲道:"郭嵩焘到了英国,首先见的就是英国女王。英国驻华大使曾经告诉郭嵩焘,要像对中国的皇帝那样对英国女王行礼,也就是行三拜九叩大礼。但是郭嵩焘很聪明,按照英国的礼节行了摘帽鞠躬礼。"

我点点头说:"孔子入太庙每事问,用别人的礼节行礼,本就是周到的行为,而且这样做也维护了清朝的尊严。"

老师却笑着说:"但即使是这种我们觉得合理的行为,却遭到了随他一同前来的副使的举报,'郭嵩焘参观英国炮台的时候居然穿了英国人的衣服,就算是冻死也不该穿!''见到巴西国王的时候,他居然站了起来,一个堂堂大国的使臣怎么能对这样的小国致敬呢?''在白金汉宫听音乐会的时候,他居然翻看了音乐单,仿效洋人的所作所为,太过分了!'"

老师这段话说得很夸张,我边听边笑。这故事如果不是发生在一百多年前,我真觉得这位随行副使是在开玩笑了。原来,当时的人对于西方的文化居然如此不能接受。

老师对我说:"你听了觉得是笑话,但在当时,却再次引起了国内的轰动,大家都觉得这是难以接受的事情,要求清政府罢免郭嵩焘的声音越来越大了。"

我突然想到了另一件事:"刚才您不是说,慈禧太后要求郭嵩焘写下西行的见闻吗?他写了吗?"

老师换了一种语气,很认真地说:"郭嵩焘写了一本《使西纪程》,这本书不仅记录了英国的事情,还记录了他西行沿途的各种见闻。郭嵩焘坐船从东南沿海一路南下,经过东南亚地区,再折而向西,沿路经过了许多国家和地区。他在路上遇到了一些探险家和商人,向他们了解不同民族的宗教、艺术;记录了沿海各国的航海技术、国旗和习俗，世界秩序的变化，各国交战规则等，以及许多不同于清朝的新鲜事，如动物园、学堂、军队、法庭甚至监狱的情况，甚至连海葬的过程都记录了下来。他还记录了西沙群岛的情况，1983年，西沙群岛的一个水下岛屿被命名为'嵩焘滩'，就是为了纪念他。"

我惊叹道："这可真是开眼看世界了！这样的记录就不能平息大家对他的指责吗？"

老师摇摇头说："这本书反而加剧了大家对他的指责。清政府后来干脆下令禁毁了这本书。"

我很不解。老师则直接解释道："主要是书中对于西方的描述，触动了当时清朝人那根自以为是天朝上国的敏感神经。郭嵩焘说'西方人至少也有两千年的文明'与清朝人认为西方人都是不开化的蛮夷思想完全不同。后来郭嵩焘又兼任了清朝驻法国大使，他参观了1878年在法国巴黎召开的'世博会'，看到了留声机与电话，了解了蒸汽机的原理。面对西方世界正在进行的工业革命，他想，清政府虽然已经有了洋务运动，但在很多方面还远远落后于西方。"

我问老师说:"难不成当时就只有郭嵩焘一个人有清醒的思想,朝廷中也就只有李鸿章等人支持他?"

老师继续说:"郭嵩焘后来与许多留学生成为了好朋友,比如严复,还有后来在甲午海战中成为北洋水师主力战将的一些人。这些人都很有思想,他们也希望把西方的先进经验努力传播到清朝去,后来严复不就翻译了很多西方巨著吗?郭嵩焘提醒这些留学生,清朝的近邻日本也在谋求进步,日本的留学生在英国学律法、政治等,这样就能更全面地了解西方文化,而清政府的留学生只学军事技术,这是不够的。他甚至断言,日本才是清朝最大的威胁。你看,后来的一切都和郭嵩焘预言的一样。"

我不禁佩服起这位我以前从来不知道的,比林则徐更厉害的开眼看世界的人,他可谓是游历了世界,真正接触了异域文明。而清政府的落后与腐败可能与西方形成了鲜明对比,清朝人还做着天朝上国的美梦,认为自己是世界的中心。瞬间被吵醒的人分不清什么是现实,甚至还会责怪吵醒他的人。

我迫不及待想知道郭嵩焘的结局了。

老师叹了口气说:"郭嵩焘最后被清政府召回国了。这位驻外大使连京城都没有进,因为清政府让他直接回老家。但是他家乡的人在大街上贴满标语,以示对他的厌恶,连他的船都差点没能进入长沙。"

我感叹了一番,不禁产生疑惑,问老师:"您说,会不会是中国几千年来信奉的儒家思想,影响了那个时候的人对现代文明的接受度?"

老师则笑道:"一百年前,许多人有同样的思考。但是你要知道,郭嵩焘本身就是个儒学大师,他给《礼记》《易经》《诗经》都做过解释说明,还创立了'养知学派',考据经典,十分专业。他的研究十分务实,主要结合当下的现实情况理解经典。再说,郭嵩焘临危受命,坚持自己的思想,不正是儒家思想的最好体现吗?他后来没有再做官,但是晚年依旧到各地讲课,还给李鸿章上书,提出各种对朝政的看法。这一切不恰恰在证明一个真正的儒士是与时俱进的吗?"

我陷入了沉思。直到后来,在飞往美国的飞机上,我还不时想起郭嵩焘。原来，我们近代社会并不是被文化所累，而是少有如郭嵩焘一样以时代的精神践行经典的人。

我在老师家曾经翻到一首郭嵩焘的诗。

> 时事艰危国论深，
> 壮心低就酒杯斟。
> 西风鼓角孤城远，
> 细雨荼蘼小苑阴。
> 大邑名贤心洒落，
> 清春雅集夜萧森。
> 何缘料理平生事，
> 一卧沧江鬓发侵。

这首诗叫《胡刺史招饮东园》，是郭嵩焘晚年在湖南老家湘阴所作。当地有个官员举办了一个雅集，请郭嵩焘来参加。雅集上，许多人谈起了对国家命运的担忧。但这些有志之士只能靠一杯酒消愁，西风、战鼓、孤城这样的前线离他们这里很远,他们只能在春天伴着小雨,在一个小院子里感慨时局。他们是大国的贤士,但是一颗心只能随雨洒落,雅集也有萧条之感。郭嵩焘最后说,他那为国的心愿不知怎样实现,只能在这江边的小城孤老终生,任白发侵袭了。

这一番儒士孤寂之感,真是跃然纸上。我在飞机上想到这些,忍不住为郭嵩焘感到惆怅。

我们在美国的表演十分成功,与我们同台表演的还有美国的青少年。我们身着精致的汉服,在迪士尼小镇中与美国民谣风装扮的他们擦肩而过,形成一道独特的风景线。在那里,我们还看到了各国艺术家的精彩表演,他们同样获得了来自世界各地的游客的掌声。迪士尼给我们颁发了金色米奇奖杯,上面刻有"YINSONG"(吟诵)的字样,据说在以往,这种奖杯只会颁发给专业艺术团体,这是第一次给了我们这些非专业的青少年。

我们还没回国,国内的各大媒体就争相报道了我们在国外的演出,我们也获得了一片赞扬之声。老师嘱

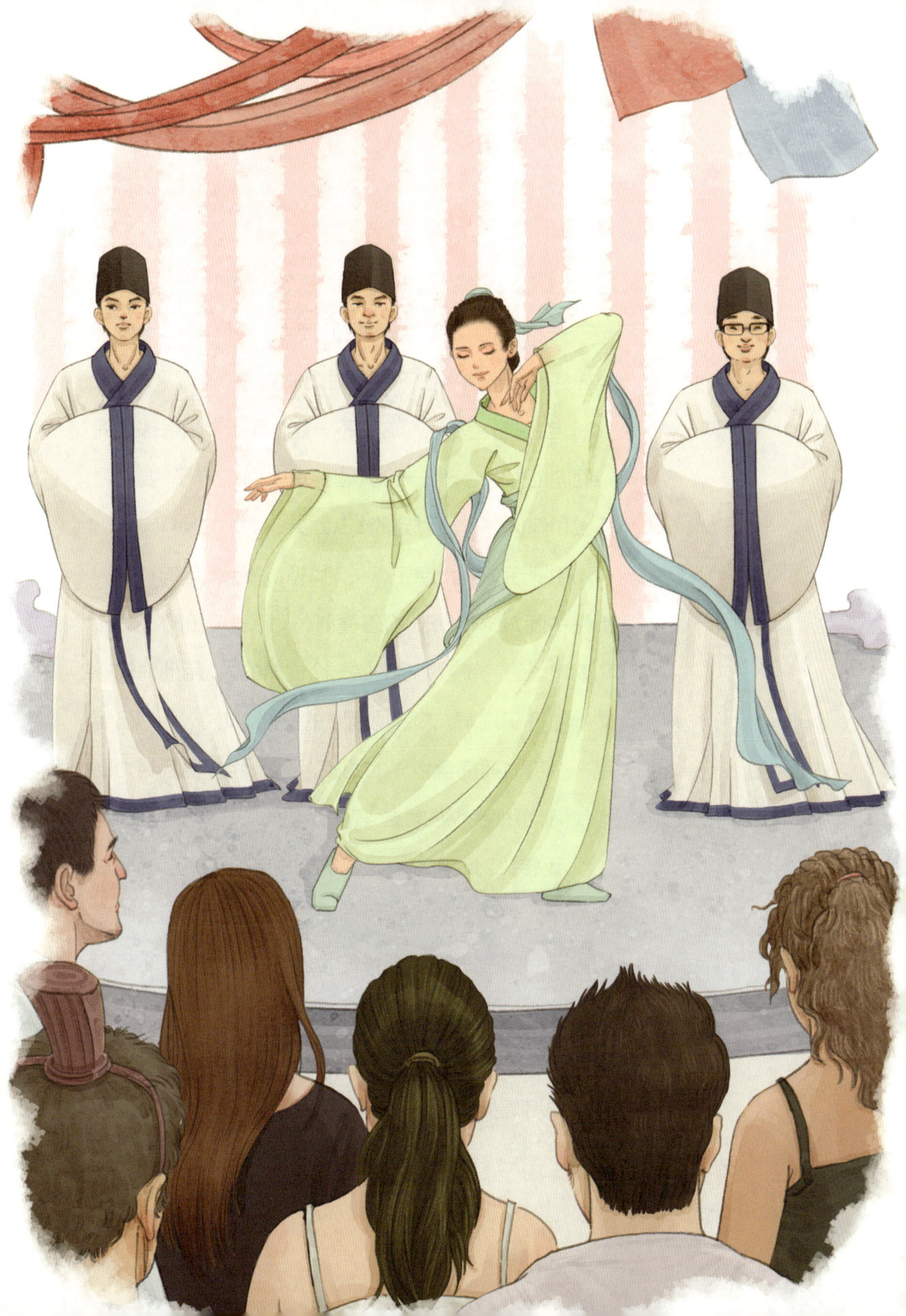

咐我们应该庆幸自己生活在健康而开放的时代。

在回国的飞机上,我问了老师一个问题:"老师,世界各国是不是再也不会有封闭孤立的状态了?"

老师摇摇头说:"这可不一定。每一个国家都要保持面向世界的心态,一个大国要有'大'的样子,要警惕孤傲和偏执。每个民族都该以此共勉。"

我听完之后,点了点头。我想,清朝末年的种种,都是中西方文化刚开始碰撞时,人们表现出的不适应和偏激,但是郭嵩焘无疑是一个成熟的人,用他对儒家文化的真正理解,去平视西方的文明。如今,我们已经是一个努力拥抱全世界的国家,那么,世界也会努力回抱我们、平视我们的崛起吗?

我转头对老师说:"我知道此行的目的了,也明白您为什么要用吉他给吟诵伴奏。您是想让我们亲眼看到古老的中国吟诵与现代的世界艺术的碰撞,让我们在坚守传统文化的同时,也能开放心胸,接纳其他国家的优秀文化成果,对吗?"

老师看向飞机的窗外,没有说话。

盈视讲吟诵 第十六讲

用心玩味（下）

　　吟诵，虽不同于表演，但也要在吟诵调上有所设计。传统的吟诵调都是擅长乐音的大师设计出来的，通常适用于各种体裁。尽管如此，在实际吟诵的时候，依然要根据不同的诗歌内容去调整吟诵调。

　　高、低、快、慢都可用于表情达意。一般来说，吟诵平声的时候，声音适合低一些；吟诵仄声的时候，声音适合高一些。当然不必句句如此，但这确实是吟诵诗歌的一种好方法。

　　时事艰危国论深，
　　壮心低就酒杯斟。
　　西风鼓角孤城远，

细雨荼䕷小苑阴。
大邑名贤心洒落,
清尊雅集夜萧森。
何缘料理平生事,
一卧沧江鬓发侵。

这首《胡刺史招饮东园》是一首仄起的七言律诗。翻看古代的近体诗,我们会发现仄起的居多。这或许是因为,诗人往往在不得志时作诗,以发泄心中的愤懑,而仄声读起来深重而高远,一开篇就用仄声,易于抒情。

本首诗应该写于郭嵩焘晚年,正是他经历了一番风雨后的无奈痛苦之时,用仄起开篇,极为合适。所以,吟诵本首诗,读到"时事"的"事"时,最好有大声疾呼之感。而"艰危"的"危"字应拖长而读,以表达对国家深深的担忧。既是担忧,就不宜用高声表现,因为一个爱国的儒士,肯定不希望国家出事,所以这份担忧应该要表现得低沉一些。

郭嵩焘"壮心"难成,所以第二句的"心"字也应在吟诵时表现得低回婉转。接下来的"就"有"完成"的意思，本是个很好的词，因此可以读得高一些，好像诗人要完成梦想了。但是接下来就要低声吟出"酒杯"二字，这一对比，就知道诗人不过是把心思都放进了酒里，去借酒消愁了。

第三句的"西风""孤城"是幻想的边塞场景，都是平声，要低沉地读，以表达守疆卫士的心思只是一场空许愿。

第四句的"细雨""小苑"是诗人所处的真实场景，吟诵这两个词时声音应高一些，仿佛是诗人在提醒自己要回到现实。这一句中的"荼蘼"指的是一种在春末开的花，正所谓"开到荼蘼花事了"。这是在暗示春天已经过去，美好也流逝了。"荼蘼"二字都是平声，用平和与低沉的声音吟诵，才能更好地理解诗人的暗示。

我们可以把律诗的结构理解为四副对联，而不是前四句后四句的两首绝句。也就是说，吟诵律诗的时候不能在第五句这里起高调。吟诵古体诗，我们可以用起高调来表现分层，古体诗的表情达意就是一层一层地展开的。但是近体诗应该被理解为一个精巧的"小品",中间不分层。近体诗是通过起承转合来表情达意的,往往首联为起,颔联为承,颈联为转,尾联为合。并非所有诗歌皆然,但大致如此。如果吟诵到第五句的时候起高调,那就破坏了律诗表达的精巧与完整了。

第五句的第二个字,作者用了一个入声字"邑"。"大邑"有大邦、大国的意思。我们当然是大国,但是清朝末年,这"大邑"却在风雨飘摇中。用"邑"这个入声字来代表此时的清朝,表达得既雅致又到位。"名贤"本是有名的贤士之意,放在这里,低声吟出,与"大邑"联系起来就突然间有了一种辛酸的感觉。本句还停在了一个入声字"落"上,这份本就辛酸的心思最终还是落空了,让人如何不悲伤?第五句正是本诗到了"转"这一部分的时候,入声字的集中出现用得十分合适,让人心中一震。

下一句的"清春"与"萧森"都是要低声拖长来读的字。"清春"暗指青春,却最终"萧森",玩味这份对比,失落之感就会涌上心头。

最终,"料理"的高远沉重与"沧江"的低声开阔形成鲜明对比。郭嵩焘还是关心社会,想要出力的,这是儒者明知不可为而为之的精神。结尾句即便是用到平声字,也还是用了开口音的"沧江"二字。这里的"沧江"并不是江的名字,而是泛指大江的意思。郭嵩焘用这两个字去表达复杂的情感:虽已身处绝境,却依旧不甘心!

让我们跟随嘉兴的吟诵,去感受这份平仄带来的魅力吧!

后记

　　这本书终于付梓了。从第一部开始到第二部完成，嘉兴经历了一个完整的变声期，声音从起初的略显稚嫩到如今的饱满而富有磁性，相信细心的您一定听得出来。嘉兴长大了，一起听故事的孩子们，也长大了。

　　本系列书的第一本，主要内容来源于"六经"，顺理成章的，第二本书的内容自然是要来源于"二十四史"了。因为经和史是中国传统文化最核心的两部分，两者相辅相成，不可分割。经史互参是中国传统治学的一贯方法：以经解史、以史证经，经与史紧密相连，甚至有"六经皆史"的观点。

　　中国传统的史学，有其鲜明的自身特点，那就是求真与求实并不是学习历史的全部内容，在注重史实的基础上，中国人记述历史，更加重视历史所传递出的价值与道义。比如《左传·宣公二年》中记载有这样一个故事：春秋时，晋国的晋灵公是一个荒淫残暴的国君,相国赵盾多次劝谏,晋灵公非但不听,反而谋划要杀害赵盾。赵盾没有办法,只好逃走。这时,赵氏的族人赵穿刺杀了晋灵公,并派人追回了正在逃亡路上的赵盾。晋国的史官董狐在记录这件事时写道:"赵盾弑其君。"赵盾不服,反对说:"杀晋灵公的不是我,是赵穿。"并要求董狐重新改写。可是董狐却说:"你身为相国,国君被杀,你不讨贼,那你就是主谋,这事我就是死也不会改!"

　　从史实上来说,赵盾的确不是凶手,但是道义上的责任,赵盾却无从推卸。正因如此,孔子才称赞董狐为"古之良史也,书法无隐"。孔子作《春秋》,寓褒贬于"春秋笔法",就是不仅追求史实之真,更追求道义与价值之真。

　　中国传统史学这一鲜明的特点,对于今天我们学习历史依然有重要的意义。掌握史实远远不是学习历史的全部，花大量的时间和精力来记忆时间、地点、人物及历史事件的起因、经过、结果并不值得。从历史中获得智慧、懂得道义，反照自己并用于实践才是价值所在。

  所以，在本书中，你会看到当嘉兴在生活中有所思考或遇到问题的时候，盈视老师就会通过一个个历史人物进行讲解，给嘉兴启发。这些人物，有像韩琦、张居正这样的名臣；有像李陵、斛律金这样的勇将；有像李白、虞世南这样的文士；有像伯夷、叔齐和陶渊明这样的隐者，不同时期、形形色色。历史的迷人之处正在于此，你能够把无数的、各种各样的人物集中在一起，去了解他们各自的人生，同时也丰富你自己的体验。

  盈视老师与嘉兴共同交流、探讨，通过盈视老师的指引和讲述，通过嘉兴的提问与领悟，我们与嘉兴一起了解了这些人物的为人和品格，他们在自己的人生当中，曾经遭遇过怎样的问题和困难，是怎样去解决的？

其中有哪些值得学习的成功经验，又有哪些值得总结的经验教训？你从中汲取了什么？又如何去反照和解决现实中的问题？在这些互动当中，嘉兴领悟了很多，相信读完这本书的你，也一样可以有所收获。

参考资料

《史记》：[汉] 司马迁（中华书局，2009年，中华经典普及文库）
《汉书》：[汉] 班固（中华书局，2007年，中华经典普及文库）
《后汉书》：[宋] 范晔（中华书局，2007年，中华经典普及文库）
《三国志》：[晋] 陈寿（中华书局，2006年，中华经典普及文库）
《晋书》：[唐] 房玄龄等（中华书局，2015年，二十四史繁体竖排本）
《梁书》：[唐] 姚思廉（中华书局，2013年，点校本二十四史修订本）
《南史》：[唐] 李延寿（中华书局，2016年，二十四史繁体竖排本）
《北齐书》：[唐] 李百药（中华书局，1972年，二十四史繁体竖排本）
《北史》：[唐] 李延寿（中华书局，2013年，二十四史繁体竖排本）
《隋书》：[唐] 魏徵等（中华书局，2013年，点校本二十四史修订本）
《旧唐书》：[后晋] 刘昫等（中华书局，1975年，二十四史繁体竖排本）
《新唐书》：[宋] 欧阳修、宋祁（中华书局，1975年，二十四史繁体竖排本）
《旧五代史》：[宋] 薛居正等（中华书局，2016年，点校本二十四史修订本）
《新五代史》：[宋] 欧阳修（中华书局，2016年，点校本二十四史修订本）
《宋史》：[元] 脱脱等（中华书局，1985年，二十四史繁体竖排本）
《元史》：[明] 宋濂等（中华书局，1976年，二十四史繁体竖排本）
《明史》：[清] 张廷玉等（中华书局，1974年，二十四史繁体竖排本）
《清史稿》：赵尔巽（中华书局，1977年，繁体竖排本）
《吟诵概论——中华传统读书法》：徐健顺（广西师范大学出版社，2019年7月第1版）
《〈敕勒歌〉的传唱与六镇武人文化之南下》：于涌（《民族文学研究》，2014年第4期）